KB176711

오디션 비밀

초판 1쇄 인쇄 | 2020년 3월 10일
초판 1쇄 발행 | 2020년 3월 30일

지은이 | 박민
편집 기획 | 장영광
디자인 | 신다운
발행처 | 북테이너
출판등록 | 제2014년 7월 24일, 제2014-02호
전화 | 010) 6623-1015
메일 | dk2min@naver.com

ISBN 979-11-87654-54-4

책값 14,000원 (만 사천 원)

당신의 가능성을 현실로 만드는법

| 박민 지음 |

SECRET OF AUDITION

오디션 비밀

책을 펴내며

가수의 꿈을 이루고자
오늘도 열심히 연습하는
당신을 위하여

나는 평소에 내 삶을 자주 돌아봅니다. 귀에 이어폰을 꼽고 느낌 가는 대로 음악을 틀고서는 길을 걷습니다. 그리고 사계절을 몸으로 느끼며 지난 과거의 나를 추억하며 이성과 감성의 경계에서 나 자신을 돌아봅니다. 그렇게 잠시 생각의 블랙홀에 빠져들면 한 가지 떠오르는 단어가 늘 머릿속을 맴돌았습니다.

바로 '책'이라는 익숙하고 평범한 단어였습니다. 사실 난 '책'과 친하지 않습니다. 부끄럽지만 지금껏 살면서 학창시절 교과서 외에는 '책'을 많이 읽지 않았습니다. 그래서 나에게 '책'이라는 단어는 나와 상관없는 막연한 타인의 이야기 정도로 생각하고 살았습니다. 그러던 어느 날 알 수 없는 사명감에 이끌려 '오디션'이라는 단어가 문득 떠올랐고 한 가지 의문점이 들었습니다.

'가수를 꿈꾸며 오디션을 보려는 지망생은 넘쳐나는데… 왜! 오디션 전문가는 없지?'

이후 나는 본능적으로 '오디션'에 관한 책을 써야겠다는 생각을 하게 됐습니다. 화려한 글 솜씨가 아닌 솔직한 내 경험을 담백하게 담아내고자 글을 쓰게 됐고 수개월 동안 밤잠 설치며 고된 작업 끝에 책을 출간하게 됐습니다.

나는 어려서부터 일찍 내가 뭘 해야 할지 명확했습니다. 그것은 바로 '춤'이었습니다. 소심한 성격에 공부도 곧잘 했지만 이상하게 나는 '춤'을 잘 추고 싶었습니다. 나는 대한민국 아이돌 1세대에 '춤'을 추기 시작했습니다. 그때는 요즘처럼 '춤'을 전문적으로 배울 수 있는 댄스아카데미가 없었고 소심한 성격 탓에 사람들 앞에 나서서 '춤'을 춘다는 건 나에겐 매우 힘든 일이었습니다.

중학교 때부터 나는 집에 부모님이 안 계실 때면 힙합바지를 입고 녹화해둔 음악방송 비디오테이프를 돌려보며 땀을 뻘뻘 흘리며 아이돌 가수 안무를 미친 듯이 따라 했던 기억이 아직도 생생합니다. 누가 시켜서도 아니고 그렇다고 가수가 꿈도 아니었습니다. 학창시절부터 난, 내 의지로 능력 이상의 것을 이겨내며 살아왔고 이제야 비로소 나의 사명을 알게 됐습니다.

그것은 바로 '오디션 전문가'로서 활동하며 당신을 돕는 것입니다.

본문에 앞서 미리 말하자면 이 책은 당신에게 '공감'을 얻고 싶어 쓴 책이 아닌 '자극'을 주기 위해 쓴 책입니다. '공감'은 당신의 마음을 위로해 줄 순 있지만 당신의 꿈을 이룰 수 있는 행동을 만들어주지 않습니다. 결국 '공감'은 당신을 제자리에 머물게 해준다는 말입니다.

하지만 '자극' 받는다는 것은 당신이 가수의 꿈을 이루기 위해 당장 실행에 옮길 수 있는 행동의 시발점을 만들어 줍니다. 때로는 강한 '자극'이 당신을 화나게 하고 자존심 상하게 할 수 있지만 오디션을 준비하는 과정에서 긍정적인 효과를 끼치고 좋은 결과를 이뤄 낼 거라 나는 확신합니다. '공감'을 통해 당장의 위로를 받을 것인지 '자극'을 받고 실행에 옮겨 꿈을 이룰 것인지… 이것은 오로지 당신의 선택에 달려있습니다.

이 책은 내가 30여 년을 살면서 경험을 통한 오디션 철학과 노하우를 거짓 없이 담아냈습니다. 또한, 어설픈 지식으로 당신을 혼란스럽게 하지 않고 투박하지만 내가 느낀 오디션의 진실을 당당하게 알려 줄 것입니다. 세상은 수학공식이 아닌 이상 정답이 없습니다. 심지어 우리가 알고 있는 정확한 수학 공식조차 긴 세월이 흘러 오답이었던 경우도 있었습니다.

하지만 당신은 수학공식이 아닌 예술(대중음악)의 한 분야의 꽃(가수)이 되고자 선택한 길을 걸어가고 있습니다. 이 말은 곧 당신이 숨 쉬는 모든 순간이 정답이라는 말입니다. 단지, 가수라는 타이틀로 세상에 당신을 알리는 숙제가 남아있을 뿐입니다. 나는 누구보다 당신을 응원하겠지만 칭찬은 마음속에 아껴 두겠습니다.

당신이 절대적인 간절함으로 자신의 한계를 이겨내고 원하는 오디션에 합격해 가수로 데뷔했을 때 비로소 난 멀리서 박수를 아낌없이 칠 것입니다.

2020년 어느 날
박민

❝❝ CONTENTS

02 시간만 때우는 연습은 NO!! 현실적인 연습 방법

❝❝ CONTENTS

03 의지를 불태우는 강한 정신력과 이미지 트레이닝

04 2020년 현재! 대한민국 오디션 사회현상

책을 마치며 ─

오디션 합격은
매일 반복되는 오늘 하루
당신의 마음가짐에서 시작된다

프롤로그
My Story

지난 내 삶을 돌아보며
지금 당신을 바라보게 되다

    나는 초등학교 6학년 때부터 약 20년 넘게 춤을 췄다. 학창시절 한참 춤에 빠져 있을 당시 주변에서는 다들 미쳤다는 소리를 심심치 않게 듣곤 했다. 지금 생각해보면 나도 내가 미쳤었던 것 같다. 머릿속엔 오로지 춤밖에 없었고 춤추는 것 외엔 아무것도 관심 없었다.

예술 고등학교에 다니던 시절엔 하루 24시간 (학교 수업 7시간, 식사 1시간, 수면 5시간을 뺀 나머지) 중 대략 9~11시간은 춤만 추고 살았다. 점심시간에는 밥 먹는 시간도 아까워 끼니를 거르며 연습을 하다 보니 탈진과 체력 고갈로 학교에서 자주 쓰러져서 친구들의 부축을 받고 양호실을 종종 드나들곤 했다.

나는 전주 예술고등학교 연극 영화과를 졸업했다. 고향인 광주를 떠나 전주에서 유학 생활을 했다. 부모님이 주신 용돈을 아끼려고 하루 2끼는 편의점 삼각 김밥에 컵라면으로 끼니를 때우며 집 밥이 아닌 편의점 인스턴트 음식이 주식이었다. 그나마 컵라면도 배부르게 먹고 싶어 일부러 불려서 먹곤 했다.

방학 때는 새벽부터 일용직 근로자 사무실에 대기하며 건설현장 막노동이나 공장에서 일용직 노동을 했다. 지금 생각해보면 힘든 시절이었지만 사실 그땐 힘들다고 생각하지 않았다. 오로지 춤에만 정신이 빠져 있었기 때문에 나머지 부수적인 상황들로 느끼는 감정은 별로 중요하지 않았다.

또한, 학교 댄스동아리 활동을 하며 전국에 크고 작은 유명 댄스대회를 참가해 매년 큰 상을 탔다. 그렇게 하루하루 학업과 춤 연습에 빠져 정신없이 생활하던 중 고등학교 2학년 때 우연히 내 인생에 아주 큰 기회가 찾아왔다.

대형 기획사에 캐스팅되다

나는 고등학교 같은 반 친구가 '전국 댄스 경연 대회'를 참가한다는 소식을 듣고 응원차 따라갔다. 장소는 전라도 예선전을 치르는 광주 번화가의 유명 백화점 특설무대였다. 행사 시작 전 나는 음료수를 들고 무대 앞에서 서성거렸다. 이때 어떤 남자가 나를 무대 중앙으로 내밀치며 자신을 똑바로 쳐다보라고 했다. 남자는 카메라를 꺼내 내 모습을 촬영했다. 간단한 카메라 테스트 후 내 연락처를 물어봤고 자신의 명함을 건네며 연락을 주겠다고 했다. 명함을 자세히 보니 대한민국 유명 3대 기획사 중 하나인 SM 엔터테인먼트의 신인개발팀 직원이었다.

TV에서 보거나 주변에서 말로만 듣던 길거리 캐스팅이었다. 워낙 갑작스럽게 생긴 일이라 신기하기도 하고 사기가 아닌가 싶어 한동안 머릿속이 복잡했다. 당시 길거리 캐스팅은 사기가 많았다. 내 상황도 사기인지 아닌지는 내가 직접 회사를 보지 않고서는 믿을 수 없어 부모님을 비롯한 누구에게도 이 일을 말하지 않았다.

일주일 뒤 나를 캐스팅했던 직원에게 연락이 왔고 서울로 올라가 SM 엔터테인먼트 본사에서 몇 차례의 까다로운 오디션을 봤다. 오디션장 안에는 가수 지망생이 엄청나게 많았고 나도 그중 한 명에 불과했다. 길거리 캐스팅이 돼 얼떨결에 오디션은 봤지만 사실 뽑힐 거라고 생각지 않았다. 오디션 이후 며칠 동안 아무 소식이 없어 나는 오디션에 떨어진 줄 알고 별생각 없이 학교를 다니며 늘 그랬듯 춤만 추고 살았다.

그러던 중, 오디션을 본지 6개월이 지난 어느 날, 갑자기 기획사에서 연락이 왔다. 그렇게 몇 번의 미팅을 거쳐 나는 SM 엔터테인먼트 연습생이 됐다.

당시 SM 엔터테인먼트는 화려한 댄스 퍼포먼스가 가능한 멤버 구성으로 B 그룹의 데뷔를 준비하고 있었다. 나는 춤이 특기였고 B 그룹에 데뷔 가능성을 염두에 두고 연습생으로 뽑혔다.

그렇게 숙소 생활을 하며 춤과 노래를 연습했고 총괄 이사님께서 계약을 하자며 다음 주에 부모님을 모셔오라고 말씀하셨다. 당시 부모님은 이런 일이 나에게 있었는지 모르고 계셨다.

사실 나는 살면서 가수가 될 거라는 생각을 해 본 적이 없었다. 얼마 전까지 춤이 좋아 아무 생각 없이 춤추던 아이였는데 아무런 준비 없이 너무도 갑작스럽고 빨리 미래를 결정해야 하는 상황이 난 무서웠다. 학창시절 나는 워낙 조용하고 소심한 성격이었다. 내게 과분한 기회가 찾아와 민감한 사춘기 시절 정체성에 혼란이 왔으며 나를 둘러싼 여러 상황들이 부담스러웠다.

약 한 달 동안 고민의 반복 끝에 '가수의 길은 내 길이 아니다'라고 난 결론을 내렸다. 인생의 평생 한 번뿐인 기회를 스스로 날려

버린 것이다.

이후 나는 가수의 꿈을 접고 다시 전주로 내려와 아무 일 없었다는 듯 학업과 춤 연습으로 학창시절을 보냈다. 과거를 돌이켜보면 나에게 어떤 조언을 해주고 방향성을 이끌어줄 멘토가 있었거나 솔직한 내 심경을 누군가에게 털어놓을 사람이 있었다면 아마 누구나 한 번쯤 꿈꾸는 아이돌 가수가 됐을 것이다.

사실 내가 이 책을 출간하는 이유도 당신이 앞으로 나와 같은 시행착오를 겪지 않길 바라는 마음으로 글을 쓰고 있다.

그렇게 크고 작은 많은 일을 겪으면서 내 학창시절은 지나고 있었다. 어느덧 고3이 됐고 여느 학생들과 마찬가지로 수능시험을 치르고 대학교 입시 준비를 했으며 예체능 전공 관련 학과 실기시험을 봤다. 나는 수많은 경쟁률을 뚫고 경기도 안성에 있는 '동아방송대학' 방송 연예 학과에 입학했으며 대학 캠퍼스 생활에 로망을 꿈꾸며 20대 청춘시절이 시작됐다.

대학 신입생 시절까지 난 하루라도 연습을 안 하면 춤 실력이 줄어드는 줄 알았다. 늘 급한 마음에 시간에 쫓기듯 춤 연습을 했다. 지금 생각해 보면 그땐 나도 모르게 연습에 대한 강박관념을 가지고 있었던 것 같다. (실제로 연습을 안 한다고 급격히 실력이 줄어들지 않는다. 다만 연습을 꾸준히 하지 않으면 실력이 좋아지는 속도가 매우 느릴 뿐이다.)

나는 고등학교 때 하루 평균 9시간 이상 춤 연습을 하던 습관이 몸에 배어있었다. 하지만 내 나이 스무 살 자유로운 대학 캠퍼스 생활과 사회 친구들을 사귀면서 연습량은 학창시절보다 점점 줄어들었다. 그렇게 정상적인 대학생활을 하면서 연습을 병행해야 했기에 좀처럼 적응하기 힘들었고 때마침 군 복무를 해야 하는 시기가 왔다.

나는 학교를 휴학하고 고향 광주를 내려와 군 복무까지남은 시간 동안 여가를 즐겼다. 중학교 이후 난 부모님과 줄곧 떨어져 살았다. 4년 만에 집에 돌아와서는 그동안 부모님과 못다 한 이야기도 나누고 엄마가 차려주신 집밥도 먹으면서 평화롭고 일상적인 시간을 가졌다. 하지만 평범한 생활은 며칠 못 가고 이내 몸이 근질거리기 시작했다. 그러던 어느 날 문득 이런 생각이 들었다. '내가 가장 잘할 수 있고 자신 있는 춤으로 돈을 벌자'라고 생각했고 나는 댄스 강사가 되고 싶었다.

댄스 강사가 되다

댄스 강사가 되고자 굳게 마음을 먹고 번화가를 돌아다니면서 '무용, 댄스'라는 단어가 보이는 간판만 찾아다녔다. 약 6~7개 댄스아카데미를 무작정 들어가 원장님을 찾아뵙고 나를 소개하며 댄스 강사로 고용할 생각이 있는지 물어보고 다녔다.

하지만 아니나 다를까 나를 받아 주는 곳은 아무 곳도 없었다. 거의 포기 상태로 마지막 남은 1곳을 찾아가 같은 질문을 되물었다.

"원장님 혹시 댄스 강사 필요하지 않으세요?"

때마침 학원은 오픈한지 1달도 채 되지 않았고 당돌하면서 무모한 내 모습을 열정과 신선함으로 예쁘게 봐주셨는지 몇 차례 미팅 끝에 힙합댄스 클래스(수업)를 오픈하게 됐다. 그렇게 나는 21살 때부터 내가 하고자 했던 댄스 강사 생활을 시작하게 된 것이다. 나의 첫 직장이자 본격적인 사회생활의 시작이었다.

내가 힙합댄스 수업을 시작한 지 얼마 되지 않아 우연하게도 TV, 매스컴에서 힙합댄스와 클럽댄스가 유행하기 시작했다. 그리고 곧 대중의 관심을 받고 자연스럽게 댄스 붐을 일으켰다. 수업을 시작한 지 몇 달도 채 되지 않아 단 시간에 수강생은 급격히 늘어났고 나도 강사로써 최선을 다해 성실히 수업을 이어나갔다. 시간이 흘러 내가 수업하던 학원은 전라도에서 가장 유명한 댄스 아카데미가 됐고 나도 힙합 메인 강사로 입지를 굳히면서 전문직 사회 초년생 치곤 수입도 꽤 좋았다.

그리고 당시 내 수업을 듣거나 개인 트레이닝을 받았던 몇몇 학생은 유명 기획사 오디션을 합격해 혹독한 연습생 생활을 거쳐 아이돌 가수로 데뷔했다. 이후 그들은 대한민국을 대표하는 아이돌 가수로 성장해서 활발한 활동을 이어갔다. 2020년 현재 수많은 보컬, 댄스 아카데미가 좋은 교육 시스템 통해 아카데미 출신의 많은 연예인이 배출되지만 당시에는 서울 출신이 아닌 지방에서 서울로 상경해 연예인이 되기란 쉽지 않았다. 그렇게 몇 년간 내가 좋아하는 춤을 직업으로 갖고 즐겁게 댄스 강사 생활을 하던 중 아주 특별한 기회가 찾아왔다.

아이돌 댄스 트레이닝…그리고 VJ 활동

내가 23살 무렵 가까운 지인 중 SM 엔터테인먼트의 직원분이 있었다. 나는 그분을 통해 당시 데뷔를 앞둔 신인 아이돌 멤버의 댄스 트레이닝을 맡아줄 선생님을 찾고 있다는 소식을 전해 들었고 그분의 소개로 신인가수 댄스 트레이닝 오디션을 봤다. 하늘이 도왔는지 나는 오디션에 합격해 현재 활발하게 활동 중인 S 아이돌 그룹 멤버의 댄스 트레이닝을 맡게 됐다.

그때 계기로 광주의 댄스 강사 생활을 그만두게 됐고 24살 때 다시 서울로 올라와 아이돌 멤버 댄스 트레이닝을 시작했다. 그리고 멤버들은 얼마 지나지 않아 신인 아이돌 가수로 데뷔했다. 이후, 나는 당시 서울에 유명 아카데미 강사 생활을 하며 생계를 이어갔다.

그렇게 댄스 강사 생활을 이어 가던 중 26살 때 우연한 기회가 찾아왔다. 음악전문 방송사 'M-net'의 연예뉴스 프로그램 VJ(리포터)로 오디션을 거쳐 발탁됐다. VJ 활동을 하면서 방송의 흐름을 알 수 있는 좋은 계기가 됐었다. 하지만 나는 VJ 활동을 준비하고 시작한 게 아니었다. 그러다 보니 카메라 앞에서 말하고 행동하는 내 모습은 매우 어설프고 서툴렀다. 데일리 프로그램 특성상 스케줄을 하루 전에 알 수 있어서 24시간 늘 긴장 상태로 대기해야 했다.

연예인 인터뷰를 위해 현장에서는 장시간 기약 없이 대기해야 했으며 소속사 없이 프리랜서로 활동하다 보니 생각하지 못한 많은 어려움을 겪었다.

시간이 지날수록 VJ 활동이 적성에 맞는지 스스로 의심이 들고 자괴감에 빠졌었다. 나는 여러 우여곡절 끝에 '일을 계속해야 할지⋯ 말지⋯' 선택해야 하는 시점까지 이르렀다.

아주 많은 고민 끝에 너무 소중하고 특별한 기회였지만 스스로 감당이 안 돼 3개월 동안의 VJ 활동을 끝으로 그만두게 됐다.

이후, 복잡하고 빡빡한 서울 생활에 지친 나머지 모든 생활을 접고 고향인 광주로 내려왔다. 그렇게 광주에서 또다시 댄스 강사 생활과 야간 아르바이트를 병행하며 지내던 중 내 인생에 터닝 포

인트가 된 사건이 생겼다.

댄스 아카데미를 운영하다

오랫동안 서로 신뢰를 주며 잘 알고 지내온 친한 형이 있었다. 나는 형을 만나 이런저런 대화를 자주 나눴고 어느 시점에서 형은 나에게 댄스아카데미를 운영해 보라고 제안했다. 그리고 한 달 후 형은 나를 믿고 선뜻 큰 투자를 해 주셨다. 나는 2달간의 준비 끝에 광주 번화가 중심에 '오디션 전문 댄스아카데미'를 오픈했다.

나는 과거의 경험과 경력을 바탕으로 '오디션 전문'이라는 타이틀을 내세워 아카데미를 운영을 했고 수강생은 80% 이상 아이돌 가수가 꿈인 가수 지망생이었다.

여러 장르의 댄스, 보컬 수업은 전문 강사님께 맡기고 나는 '퍼포먼스 디렉팅'이라는 오디션에 특화된 시스템을 만들었다. '퍼포먼스 디렉팅'이란 무대에서 멋진 퍼포먼스를 선보이기 위해 '노래, 안무, 무대매너, 이미지, 감정 컨트롤'등 아티스트 역량을 최대한 끌어올려 최고의 퍼포먼스를 선보이기 위한 트레이닝 시스템이다. 이런 아티스트 매력에 대중은 열광할 거라는 걸 알고 있었고 '퍼포먼스 디렉팅'은 아이돌 지망생에게 꼭 필요한 시스템이라

확신했다. 내가 '퍼포먼스 디렉팅'을 만들게 된 것은 한가지 큰 계기가 있었다.

수많은 아이돌 가수 지망생이 춤, 노래를 따로 연습하다 보니 실제 무대에서는 어색하고 어울리지 않는 퍼포먼스를 선보이는 걸 봤었다. 이후, 난 아이돌 지망생이 무대에서 자연스러운 퍼포먼스를 할 수 있게 돕고 싶었다. 그래서 수년간의 연구 끝에 '퍼포먼스 디렉팅'을 만들었다. 실제 수업을 해보니 아이돌 지망생의 잠재된 실력을 끌어내는데 아주 효과적이었다.

'퍼포먼스 디렉팅'을 꾸준히 듣던 친구 중에는 현재 활동 중인 인기 아이돌 멤버가 되어 활발하게 활동하며 대중의 사랑을 받는 친구도 있다. 그렇게 약 3년 동안 댄스 아카데미를 운영했지만 모든 일이 쉽지만은 않았다. 학생, 강사, 학부모님 상담 및 관리를 해야 했고, '퍼포먼스 디렉팅' 수업에 운영, 홍보, 상담을 2명이서 해야 했기 때문에 정신, 육체적으로 굉장히 힘들었다.

댄스 아카데미 운영기간 동안 나는 대상포진, A형 간염, 바이러스 피부병 등 면역력이 약해지면 걸리는 질병에 걸려 병원에 자주 입원해 아카데미 운영에 어려움을 겪었다.

나름의 오디션 철학을 가지고 앞만 보며 달려가던 중 어느 날 문득 이런 생각이 들었다. '지금 내 청춘과 인생을 학원에 쏟기보다 한살이라도 젊었을 때 더 큰 도전과 모험을 하고 싶다'라고 생각했다. 몇 달간 고민은 계속됐고 다시 서울로 올라가서 '내 꿈을 펼쳐보자'라고 마음의 결정을 내렸다.

그렇게 3년간 열정과 애정을 쏟으며 운영했던 댄스아카데미를 정리하고 난 다시 서울로 올라왔다. 앞으로 댄스 관련 일 외, 분야를 좀 더 넓혀 엔터테인먼트 뮤직 비즈니스 일을 시작해 보고자 목표를 세웠고 여러 지인을 통해 많은 전문가를 만났다. 내가 새롭게 도전하는 분야의 견문과 시야를 조금씩 넓혀가며 동시에 좋은 인맥들과 관계를 쌓아갔다.

그동안 내가 쌓았던 스펙이나 이미지는 '박민=춤'이었기 때문에 유독 댄스 관련 비즈니스가 집중적으로 연결됐다. 그러던 중 한류 문화, K-POP 가수에게 관심이 많은 중국 엔터테인먼트와 파트너십을 이어갔다. 그들은 나에게 K-POP 콘텐츠 문화교류 및 대한민국에서 아이돌 가수가 되고 싶은 중국 연습생 댄스 트레이닝을 맡아달라는 제안이 들어왔다. 수차례 중국과 한국을 오가며 많은 이야기를 나눴고 서로 신뢰를 바탕으로 파트너를 맺을 수 있을지 적잖은 시간을 갖고 지켜봤다.

나라와 문화는 다르지만 하나의 공통된 콘텐츠로 마음을 주고받다 보니 생각보다 금방 친해질 수 있었다. 그들은 내가 필요했고 나도 그들을 통해 중국 엔터테인먼트 시장의 가능성을 눈여겨봤다.

이후, 나는 중국과 한국을 오가며 공연 및 강도 높은 댄스 트레이닝을 시작했다. 중국 연습생들은 K-POP 본고장에서 온 내가 신기했는지 나와 친해지고 싶어 했다. 나도 연습생들의 순수함에 빠져 자연스럽게 중국 문화를 이해했고 덕분에 빨리 친해질 수 있었다. 나는 이렇게 여러 차례의 중국 엔터테인먼트와 콘텐츠 교류 및 댄스 트레이닝을 통해 첫 해외시장을 진출했다. (앞으로 K-POP 관련 전문가들의 해외시장 진출이 활발해질 거라 나는 예상한다)

몇 년의 시간을 정신없이 보내며 새로운 분야를 개척해 나아가 보니 어느덧 30살 중반을 바라보는 나이가 됐고 다양한 경험과 시행착오를 반복하며 앞만 보고 달리던 중 새로운 기회가 찾아왔다.

연습생 출신…
연습생을 트레이닝…
그리고 연습생을 뽑다

나는 2016년 수차례 미팅과 면접을 거쳐 유명 아이돌 가수와 배우가 소속된 C-jes 엔터테인먼트 신인개발팀 팀장으로 입사했다. 그동안의 경험과 노력이 헛되지 않았음이 증명된 순간이었다.

많은 가수 지망생과 아이돌 연습생을 트레이닝을 맡았던 경험 탓에 가수 신인개발 업무는 내게 자신 있는 분야였다.

나는 '연습생의 심리와 앞으로 나아가야 할 방향… 꾸준한 자기관리와 인성교육 및 이미지 트레이닝의 중요성'등 가수 지망생이 대중을 아우를 수 있는 아티스트로 성장하기 위한 체계적인 트레이닝 시스템을 구축할 자신이 있었다.

신인개발팀의 주 업무는 '연습생 캐스팅, 보컬, 댄스, 헬스 트레이닝, 이미지메이킹, 인성교육, 스케줄 관리'등 다양한 업무가 있다. 그중 가장 핵심은 연습생 캐스팅이다.

숙련된 보석 세공사가 반짝이는 다이아몬드를 만들기 위해서는 좋은 원석을 어두운 광산에서 발굴해줄 탄광 인부가 필요할 것이다. 탄광 인부가 좋은 원석을 발견하면 세공사의 전문 기술에 원석이 깎고 깎여서 작지만 찬란한 빛을 내는 다이아몬드가 탄생한다.

이것과 마찬가지로 아무리 유능한 스텝과 트레이닝 시스템을 갖추고 있더라도 원석인 연습생이 시스템을 따라와 주지 않으면 좋은 아티스트를 만들어 낼 수 없다. 그런 의미에서 난 '원석을 찾는 광부다'라고 생각하며 좋은 원석을 찾기 위해 밤, 낮 가리지 않고 전국으로 오디션을 보러 다녔다.

오디션 장소는 주로 보컬, 댄스 아카데미나 실용예술 학교에서 주최하는 오디션을 통해 연습생을 뽑았다. 다양한 재능과 끼를 가진 지망생도 만났고 개성과 자신만의 색깔이 강한 지망생도 만났다. 또한, 엔터테인먼트 관계자의 추천을 받기도 하고 다른 기획사의 연습생으로 데뷔를 준비하다 갈등을 겪고 스스로 기획사를 나온 연습생도 만나봤다.

각양각색의 다양한 매력을 지닌 수많은 지망생을 만나 봤지만 90% 이상은 오디션을 볼 때 심사자에게 자신의 모습이 어떻게 비치는지 모르는 경우가 대부분이었다.

나도 과거에 오디션을 보고 연습생 생활을 해봤기 때문에 가수 지망생이 흔히 하는 실수나 좀 더 보완해야 할 부분에 대해 잘 알고 있었고, 수많은 오디션 심사를 봤기 때문에 심사자 입장에서 어떤 지망생이 눈에 띄고 뽑는지도 잘 알고 있었다. 대부분 지망생은 오로지 '노래를 잘 부르고 춤을 잘 추며 외모가 뛰어나면' 기획사에서 뽑아 갈 거라 생각한다. 하지만 기획사는 연습생에게 수많은 시간과 돈을 투자를 해서 멋진 가수(수익모델)를 만들어야 하는데 연습생을 뽑는 기준이 그렇게 단순하지 않다. 내가 연습생을 뽑는 기준은 대략 이러하다. '호감형의 외모와 올바른 인성을 지닌 끼와 재능이 넘치고 혹독한 트레이닝을 견딜 수 있는 체력과 정신력을 가졌으며 밝고 긍정적인 에너지를 대중과 함께 소통할 수 가능성을 보고 연습생을 뽑는다.' 그래서 한번 만나서는 좋은 원석인지 알 수 없으므로 수차례 까다로운 오디션을 거쳐 연습생을 뽑는다. 물론 기획사마다 추구하는 가치관과 방향성이 다르고 각각의 다른 기준을 가지고 연습생을 뽑기 때문에 딱히 정답이라고 할 수 있는 기준은 없다. 요즘 학생들에게 꿈이 뭐냐고 물어보면 보통 10명 중 8명은 아이돌 가수나 연예인이 되는 게 꿈이라고 대답한다. 대한민국은 지금 오디션에 빠져있다. 이런 오디션 프로그램들이 TV를 비롯한 여러 매스컴을 통해 많은 관심과 이슈를 만들고 있다. 그만큼 연예 엔터테인먼트 산업은 대한민국 미래의 중요한 산업으로 성장했으며 이 산업과 관련된 모든 이들은 막중한 책임과 사명감을 가져야 할 것이다. 올바른 정신과 성실한 태도로 임하지 않으면 오랜 시간 동안 힘겹게 발전해 왔던 엔터테인먼트 산업(한류, K-POP)의 밝은 미래는 불투명해질 것이다. 이렇게 지난 30여 년의 인생을 돌아보며 내가 겪었던 경험은 다 이유가 있었음을 새삼 느끼고 있다. 내 열정과 지식을 통해 당신이 오디션에 합격하길 바라는 마음이 지금 내가 글을 쓰고 있는 이유다.

이 책은 나의 오디션 전문 노하우가 모두 담겨 있다. 당신은 이 책을 읽고 꼭 오디션에 합격해 멋진 아티스트로 성장하길 바란다.

01

" 오디션 합격을 위한
실질적인 노하우! "

자신에게 어울리는 노래를 불러라!
〈부제- 좋아하고 잘하는 노래는 누구나 부를 수 있다〉

너 자신이 되라
다른 사람은
이미 있으니까

오스카 와일드(Oscar Wilde, 1854-1900)
- 아일랜드 소설가 겸 시인 -

나는 15년 동안 많은 가수 지망생을 가르치고 강연을 다니면서 직, 간접적으로 소통해 왔습니다. 그동안 가수 지망생에게 많은 것을 알려줬고 나 역시 그들을 보며 많은 것을 느끼고 깨달았으며 스스로 공부가 됐던 시간이었습니다.

그러던 어느 날 수많은 가수 지망생들에게 한 가지 공통적인 고민이 있음을 알았습니다. 그것은 약 10명 중 8명이 고민하고 있었으며 오디션에서 굉장히 중요한 내용이었습니다. 그리고 그 고민을 내게 상담하는 가수 지망생도 적지 않았습니다.

그들이 공통적으로 고민하는 내용은 이랬습니다.

"팀장님, 오디션 볼 때 제가 좋아하는 노래를 불러야 할까요? 아니면 잘하는 노래를 불러야 할까요?"

나는 자신 있게 대답했습니다.

"자신에게 어울리는 노래를 불러라!"

아마 당신도 한 번쯤 이런 고민을 해본 경험이 있을 것입니다. 대부분 가수 지망생은 오디션에서 자신이 좋아하는 노래와 잘하는 노래 중 어떤 노래를 선택해 불러야 할지 고민합니다. 그리고 자신이 좋아하는 노래와 잘하는 노래 중 선택해야 한다면 당연히 잘하는 노래를 선택해야 합니다.

오디션은 당신의 주관보다 상대방의 객관적인 시각에서 평가하기 때문입니다. 물론 좋아하는 노래를 열심히 연습해서 자신이 가장 잘 부를 수 있는 오디션 곡으로 준비해도 좋습니다. 하지만 심사석에 앉아 지망생의 노래를 듣게 되면 대부분 자신의 이미지와 어울리지 않는 노래를 불렀습니다.

나에게 맞는 옷을 찾자

한 가지 예를 들어보겠습니다. 초등학생이 故 김광석의 서른 즈음에를 오디션 때 불렀다고 가정하겠습니다. 초등학생이 70~80 년대 감성으로 서른 즈음에를 부른다면 그것은 정말 놀랍고 칭찬할 일입니다. 하지만 기획사 입장에서 바라본다면 뽑고자 하는 가수 이미지와 어울리지 않기 때문에 합격할 확률은 높지 않습니다.

또, 한 번은 오디션 때 이런 일이 있었습니다. 나와 평소 친분이 두터운 기획사 관계자분이 아이돌 가수를 만들고자 저를 심사자로 초대해 오디션 심사를 맡은 적이 있었습니다. 많은 오디션 참가자 중 유난히 튀는 20대 청년이 있었습니다. 멋진 슈트에 반짝이는 구두와 중절모를 쓴 채 외모부터 범상치 않았습니다.

그는 재즈 보컬리스트로서 수준급 보컬 실력과 넘치는 끼를 지니고 있었으며, 춤 실력 또한 나쁘지 않았습니다. 다양한 끼와 재능 그리고 실력을 갖췄지만 그는 아이돌 가수와는 전혀 이미지가 맞질 않았습니다. 재능은 아까웠지만 기획사에서 뽑고자 하는 가수 이미지와 어울리지 않아 나는 불합격을 줬습니다.

앞의 사례처럼, 오디션의 취지를 모른 채 자신이 좋아하는 노래만 부르는 지망생은 꽤 많습니다. 만약 트로트 가수를 뽑는 오디션에서 아이돌 가수 노래를 부른다면 어떨까요? 오디션 합격과 무관하게 어울리지 않을 것입니다.

이런 실수를 반복하지 않으려면 오디션의 취지를 잘 파악해야 합니다. 그리고 당신의 이미지와 보컬 음색에 어울리는 노래를 선택해야 합니다. 오디션에 합격하길 간절히 원한다면 자신이 좋아하고 잘하는 노래보단 자신의 이미지(캐릭터)에 어울리는 노래를 잘 불러야 합니다.

우리가 너무도 잘 알고 있는 말이 있습니다. 그리스의 대표 철학자 소크라테스(Socrates, BC 470-BC 399)는 "너 자신을 알라"라고 말했습니다.

당신은 심사자에게 어떻게 비치는지 객관적인 시각으로 분석해 볼 필요가 있습니다. 그 분석을 바탕으로 자신과 어울리는 노래를 열심히 연습해서 자신의 것으로 만들어야 합니다. 그렇게 철저한 준비 후 당신에게 어울리는 노래를 자신 있게 부른다면 오디션에서 분명 좋은 결과를 얻을 것입니다.

가슴으로 노래하고 얼굴로 춤을 춰라
〈부제- 실력에 간절함을 더하면 진정성이 된다〉

간절하면 '정성'이 들어간다.
그래서 같은 행동을 하고 같은 일을 해도
그 성과가 다르며 작품이 나온다.
예술세계에서도 유명한 걸작을 보아라.
작품이 나올 때 작가가 평탄함 속에서 만들면
작품 속에서 풍기는 힘이 없고 감동이 약하다.
인류사에 길이 남는 미술 작품, 음악 작품을 보면
작가들이 가장 고통스럽거나 가장 간절할 때
어마어마한 대작이 나왔다.
이와 같이 간절한 마음으로 최고의 인생 걸작품이 된다.

– 작자 미상 –

나는 몇 년 전부터 일을 끝마치고 집에 들어와서 자연스럽게 오디션 프로그램 재방송을 틀어놓습니다. 내가 지금껏 시청한 TV 오디션 프로그램 중 머릿속에 떠오르는 방송을 나열해 보겠습니다. 슈퍼스타K- M.net, k팝스타 - SBS, 믹스나인- JTBC, 보이스 코리아- M.net, 쇼미 더 머니- M.net, 위대한 탄생- MBC, 프로

듀스 101- M.net, 더 유닛- KBS, 코리아 갓 탤런트- tvN

그동안 시청한 TV 오디션 프로그램 중 문득 떠오르는 프로그램만 9개입니다. 이 외, 방송에서 지금껏 편성했던 프로그램을 모두 합치면 20개는 넘을 것입니다. 지상파, 케이블 합쳐서 프로그램 한 편당 단편 제작이 아닌 매 시즌 시리즈로 방송하는 프로그램을 합치면 대략 50편 이상의 오디션 프로그램이 제작됐을 것입니다.

대한민국은 지금 오디션 천국입니다. 이렇게 수많은 오디션 프로그램을 시청하면서 직업 특성상 난 오디션 참가자를 분석하게 됩니다. 누가 합격하고 떨어질지 100% 예측할 수 없지만 내 스스로 주, 객관적인 입장에서 통계를 냈을 때 70% 이상 합격자를 맞추곤 했습니다.

나는 오디션 합격과 불합격을 나누는 기준을 '아티스트의 진정성'에 두고 있습니다. 물론 막연하게 진정성만 가지고 100% 평가하는 건 아닙니다. 진정성에는 '실력, 이미지, 열정, 가능성'등 보이지 않는 세밀한 부분까지 심사에 포함합니다. 지금껏 많은 제자와 가수 지망생에게 늘 잔소리처럼 했던 말이 있습니다.

"얘들아~ 마음으로 노래하고 얼굴로 춤을 추렴."

설명하자면, 진실한 감정과 간절함으로 노래 부르고 그동안 흘린 땀과 노력을 열정의 에너지로 바꿔 춤을 추라는 말입니다. 대한민국 대표 MC 유재석은 이런 말을 했습니다. "귀를 훔치지 말고 가슴을 흔드는 말을 해라. 듣기 좋은 소리보다 마음에 남는 말을 해라"

대중(심사자, 관객)의 마음을 움직일 수 있는 것은 뛰어난 가창력과 멋진 안무가 아닙니다. 춤과 노래를 통해 나라는 캐릭터를 얼마나 표현할 수 있고 또한, 심사자가 당신에게 호감을 느끼게 하는 것이 중요합니다.

예를 들어보겠습니다. 춤과 노래라는 실력이 1차원이라면 인성과 간절함이 2차원이고, 실력과 인성의 균형이 같을 땐 3차원이라고 가정하겠습니다. 당신은 '1차원과 2차원'중 어디에 있습니까? 혹은 3차원을 향해 노력하고 있습니까? 당신 스스로 점검해 볼 필요가 있을 것입니다.

실력+간절함=진정성

오디션 심사를 할 때면 대부분 가수 지망생에게는 감정이 잘 느껴지지 않습니다. 보통 오디션장 안에 분위기는 매우 조용하고 엄숙합니다. 비교를 하자면 취업 준비생의 면접 분위기와 비슷합니다. 그래서 참가자는 심사자 앞에서 긴장하게 됩니다.

지망생은 '실수하지 말아야지'라고 마음을 가다듬어 보지만 사람이 긴장하게 되면 몸은 경직될 수밖에 없습니다. 몸이 경직된 상태에서 자신의 연습하던 실력을 제대로 보여주기엔 평소 실력의 반도 못 미치는 경우가 많습니다.

그러나 더 큰 문제가 있습니다. 대부분은 '음정, 박자, 호흡, 고음'등 노래의 기본기와 가창력을 보여주기 위한 테크닉만을 주로 연습했기 때문에 정작 노래의 본질인 감정이나 간절한 마음을 쏟아서 노래 부르는 지망생은 많지 않았습니다. 그리고 아이돌 가수가 되고 싶은 지망생은 오디션 때 춤을 춰야 합니다. 마찬가지로 대부분은 앞이 아닌 땅을 보고 춤을 췄습니다. 땅을 보고 춤을 추면 춤은 보이지만 얼굴은 보이지 않습니다. 이럴 땐 아무리 춤을 잘 춰도 나는 높은 점수를 주지 않습니다. 그 이유는 난 댄서를 뽑는 사람이 아니기 때문입니다.

가끔, 춤은 어설프지만 스피커에 흘러나오는 노래의 주인공처럼 립싱크를 하고 다양한 표정과 생동감 있게 춤을 추는 지망생이 있습니다. 이런 지망생은 나도 모르게 계속해서 눈을 마주치며 유심히 지켜보게 됩니다. 그리고 자신이 가수라 생각하고 춤추는 지망생에게 난 좋은 점수를 줬습니다.

춤만 추지 않고 가수의 이미지를 떠올리게 하는 지망생은 춤이 아닌 얼굴에서 에너지가 느껴지기 때문에 나 역시 집중을 안 할 수가 없습니다. 반면, 실력은 좋으나 간절함이 느껴지지 않는 지망생은 나도 모르게 분석하게 됩니다. 분석을 하다 보면 장점보다 단점이 눈에 더 빨리 들어옵니다.

하지만 당장 실력은 부족하나 진정성 있게 자신을 보여주는 지망생은 앞으로의 발전 가능성을 보게 됩니다. 물론, 당장의 실력도 중요하지만 그것을 뛰어넘는 진정성이 느껴지는 지망생은 오디션에 합격할 확률이 높습니다. 그 이유는 기획사 트레이닝을 통해 제대로 배우고 열심히 연습하면 실력은 당연히 좋아지기 때문입니다.

이렇게 춤과 노래를 포함한 모든 예술은 분야만 다를 뿐 본질은 다르지 않습니다. 단지 오디션은 잠재된 가능성과 현재의 실력을 평가받는 자리일 뿐 대중을 이끄는 힘은 춤과 노래 실력이 아닌 당신의 의지와 에너지에서 나온다는 것을 명심해야 합니다.

오디션은 전략이다
〈부제- 나 자신을 분석해라〉

자신이 해야 할 일을 결정하는 사람은
세상에서 단 한 사람, 오직 나 자신뿐이다.

오손 웰스(George Orson Welles, 1915-1985)
- 미국의 배우 겸 영화감독 -

　　앞서 말했듯이 대한민국 엔터테인먼트, 방송, 연예계 시장의
흐름은 너무 빨리 변하고 있습니다. 90년대 대표 아이돌 1세대
인 'HOT, 젝스키스, 핑클, SES' 등 여러 가수의 데뷔를 기점으로
2019년까지 엔터테인먼트 시스템은 여러 시행착오를 겪으며 시

스템을 만들어왔습니다.

엔터테인먼트 시스템은 사람을 수익모델로 키워내는 비즈니스로 계획보단 변수가 많았으며 법적인 제도와 시대의 흐름에 맞춰 빠르게 변하고 있습니다. 또한, 오디션 역시 이런 변화에 맞춰 자리를 잡아 왔습니다.

이제는 '잘하면 오디션에 합격한다'라는 단순한 기준이 아닌 여러 부수적인 요인까지 충족돼야만 오디션에 합격할 수 있습니다. 선천적으로 타고난 끼와 재능으로 연예인이 되는 경우를 제외하면 당신의 끝없는 노력과 실력으로 연예인이 될 수 있는 세상에 살고 있는 것입니다.

하지만 오디션도 이제는 전략이 필요한 합니다. 심사자의 입장에서 나의 장·단점을 분석한 후 가장 어필할 수 있는 내 무기(장점)를 정확히 보여줄 수 있는 전략이 필요합니다.

지금부터 당신에게 오디션을 전략적으로 볼 수 있는 제3의 법칙을 알려주겠습니다.

전략적인 오디션을 위한 제3의 법칙

1. 자기관리

오디션을 볼 때면 가장 먼저 눈에 들어오는 것은 지망생의 이미지입니다. 당신은 멋진 외모와 호감형의 이미지를 갖추기 위해 꾸준한 자기관리가 필요합니다. 이미지는 크게 '얼굴, 키, 몸무게' 등으로 나눌 수 있지만 좀 더 세밀히 분석하면 많은 요소가 이미지에 영향을 끼칩니다.

　이미지에서 가장 중요한 것은 얼굴입니다. 얼굴에는 각자 고유한 인상이 있습니다. 단순히 '예쁘다, 잘생겼다'뿐만 아닌 '미소, 치아, 눈빛, 분위기'등 사람의 얼굴은 각자 다른 인상 속에 다양한 매력을 지니고 있습니다. 이 중 호감형의 인상으로 심사자에게 각인이 되어야 합격에 좋은 영향을 끼칠 수 있습니다. (Ex, 눈빛이 살아있다, 미소가 매력적이다, 특별한 분위기가 느껴진다)

　얼마 전 오디션을 볼 때였습니다. 한 아이가 잔뜩 긴장된 모습으로 들어왔습니다. 아이의 오디션 지원서를 봤을 때는 큰 특징이 없어 수많은 지원자 중 한 명이려니 생각했습니다.

　하지만 아이의 눈빛은 여느 지망생과 다르게 우수에 차 있었지만 왠지 슬픈 사연이 있을 것 같은 느낌이 들었고 나는 아이에게 질문했습니다.

"2분 줄 테니 너의 과거에 대해 말해보렴"

　안타깝게도 아이는 과거에 가정불화가 심했고 많은 상처를 안고 가수로써 성공하고자 하는 열망이 남달랐습니다. 아쉽게 아이의 실력은 눈빛에 미치지 못했지만 아이가 가지고 있는 특별한 분위기를 잊을 수 없어 한 번 더 기회를 주고자 합격시켰던 경험이 있습니다.

이렇게 당신의 얼굴에서 나타나는 인상은 심사자와 첫 대면에 많은 영향을 줍니다. 남들과 차별화 되거나 혹은 호감이 가는 좋은 인상을 심어주기 위해서는 당신의 꾸준한 노력이 필요합니다.

* 기분 좋은 미소 연습 *

며칠전 나는 우연히 인터넷에서 인체 연구에 관한 좋은 글귀를 읽었습니다. "미소를 짓기 위해서는 17개의 근육 운동이 필요하고 찡그리기 위해서는 43개의 근육을 움직여야 한다" 그만큼 미소는 커뮤니케이션에 있어서 핵심 역할을 합니다.

보통 사람은 이유 없이 잘 웃지 않습니다. 하지만 당신은 웃는 습관을 통해 상대방에게 늘 기분 좋은 인상을 심어줘야 합니다. 억지로 웃는 연습도 반복을 통해 습관이 되면 자연스러운 미소로 바뀔 수 있습니다.

좀 더 좋은 효과를 위해선 소리 내서 웃는 연습이 필요합니다. 그럼 당신의 기분 좋은 목소리까지 상대방에게 전할 수 있기 때문입니다. 기분 좋은 미소와 듣기 좋은 웃음의 소리는 심사자에게 좋은 반응을 줄 수 있습니다.

* 당당한 시선 *

눈은 '마음의 창'이라고 합니다. 당당한 시선은 곧 당신의 전부입니다. 대부분 사람은 대화할 때 눈을 보고 이야기합니다. 사람의 눈 속에는 수없이 많은 감정을 내포하고 있기 때문입니다.

나 역시 수 천 명의 오디션을 통한 경험이 쌓이다 보면 눈만 봐도 상대방의 마음을 어느 정도 짐작할 수 있습니다. 당신의 눈 속에서 느껴지는 간절함과 진심을 심사자가 느낀다면 어떨까요? 늘 당당한 사람은 상대방의 눈을 보고 자신 있게 대화를 이끌어 갑니다. 당신도 자신 있게 사람의 눈을 보고 진심을 전달해야 합니다.

* 바른 자세 연습 *

바른 자세는 심사자에게 자신감과 신뢰감, 그리고 안정된 이미지를 줄 수 있습니다. 나 역시 문을 열고 등장하는 지망생의 자세를 보는 순간 순식간에 고정된 이미지를 갖게 됩니다. 빠른 걸음에 구부정한 어깨와 거북목을 한 지망생과, 곧은 자세와 안정된 걸음으로 차분하게 등장하는 지망생이 어떤 차이가 있는지 과거에 비교해 봤습니다.

역시 두 지망생은 확연한 차이를 보였습니다. 올바른 자세는 심사자에게 준비된 느낌을 줬고 이는 곧 심사에 반영됐습니다. 반대로 자세가 좋지 않은 지망생은 좋은 느낌으로 기억 되질 않았습니다.

기본적인 바른 자세를 서술해 보겠습니다. 허리와 가슴은 곧게 펴고 턱은 어깨와 일직선을 유지하고 등은 굽어보이지 않게 당당히 펴고 걷습니다. 올바른 자세 연습을 통해 자신감을 갖고 심사자에게 당당하게 어필하십시오.

* 다이어트 및 웨이트 트레이닝 *

흔히 말하길 방송 카메라는 실제 모습보다 1.5배 크게 나온다고 합니다. 그래서 대부분 연예인은 다이어트와 웨이트 트레이닝을 병행하며 최적에 몸 상태를 유지합니다.

당신은 대중의 관심과 사랑을 받아야 할 사람입니다. 앞으로 많은 팬이 생길 것이고 누군가의 롤모델이 될 것입니다. 데뷔 후엔 늘 카메라가 따라다닐 것이고 당신은 언제 어디서든 멋진 모습을 보여줘야 합니다. 늘 새롭고 멋진 모습을 보여줘야 하는 직업 특성상 당신은 필요에 따라 체중조절을 자유롭게 할 수 있어야 합니다.

때로는 혹독한 다이어트로 건강이 나빠질 수 있고 무리한 웨이트 트레이닝으로 다칠 수 있습니다. 평상시 운동하는 습관을 길러 최상의 컨디션을 유지해야 하며 자기관리가 철저한 모습을 보여줌으로써 오디션 때 심사자에게 좋은 이미지를 심어줄 수 있습니다.

2. 보컬, 댄스 트레이닝

당신이 좋은 이미지를 가지고 있어도 실력이 없으면 살아남을 수 없습니다. 힘들게 노력해서 데뷔했지만 끊임없는 자기계발로 실력을 쌓지 않으면 정글 같은 연예계에서 경쟁에 밀려 도태될 수밖에 없습니다.

'연예인만 되면 끝'이라고 생각하는 순간 누군가는 당신의 자리를 꿰찰 것입니다. 실력 있는 아티스트만이 오랫동안 대중의 관심과 사랑을 받을 수 있습니다.

* 보컬(랩) 트레이닝 *

당신이 가수(아이돌)가 되고 싶다면 보컬(랩) 실력은 가수의 꽃이자 본질입니다. 탄탄한 기본기를 바탕으로 다양한 음역을 소화할 수 있는 보컬 역량을 키워야 합니다.

한 번은 오디션 심사를 하면서 여러 지망생의 보컬 실력에 관해 느낀 점이 있습니다. 오디션을 볼 때면 기본기가 탄탄하고 테크닉이 좋은 지망생이 있습니다. 그러나 나는 보컬 실력만 뛰어난 지망생은 잘 뽑지 않습니다. 왜냐면 노래는 보컬 실력만 갖춘다고 완성되는 것이 아니기 때문입니다. 당신의 감정이 상대방에게 전

달이 되지 않으면 노래는 그저 노래일 뿐입니다.

실제로 내가 가르쳤던 제자 중 이런 사례가 있었습니다.

고등학교 2학년인 노래를 정말 잘하는 제자가 있었습니다. 나이도 어리고 보컬 실력이 좋아 '오디션을 보면 어디든 합격하겠지'라고 생각했지만 좀처럼 제자는 자신이 원하는 오디션을 합격하지 못했습니다. 하루는 제자를 불러 30분간 노래를 시켜봤습니다. 나는 제자의 노래를 들으면서 세밀하게 분석했고 단숨에 문제를 알 수 있었습니다. 제자는 가창력만 있을 뿐 전혀 감정을 담아 노래하지 않았던 것입니다. 그래서 난 제자에게 이렇게 말했습니다.

"노래 부른다 생각하고 부르지 말고 너의 이야기를 전달한다 생각하고 말하듯이 노래를 불러보렴"

이후 제자는 많은 연습을 통해 감정을 담아 노래하는 습관을 길렀고 얼마 지나지 않아 기획사 오디션에 합격했습니다.

앞의 사례처럼 상대방이 당신의 진심을 느낄 수 있게 노래를 불러야 합니다. 노래를 가지고 노래만 부르는 것이 아닌 상대방에게 내 마음을 전달한다 생각하며 노래연습하길 추천합니다. 그럼 분명 심사자에게 좋은 반응을 끌어낼 것입니다.

* 댄스 트레이닝 *

댄스 가수는 노래 실력 못지않게 퍼포먼스 비중이 큽니다. 춤을 전공한 나는 당신에게 누구보다 큰 도움을 주고 싶은 마음입니다. 춤은 이미지와 자신감을 극대화해 어필할 수 있는 필수조건입니다. 춤 안에서 당신의 열정과 에너지가 느껴져야 합니다.

노래와 마찬가지로 춤은 기본기가 굉장히 중요합니다. 바운스, 아이솔레이션, 스텝, 웨이브 등 춤의 기본기를 충분히 배우고 연습하세요. 그리고 안무와 프리스타일을 통해 실력을 쌓아야 합니다.

오디션을 볼 때면 땅을 보고 춤추는 지망생이 매우 많습니다. 춤출 때 시선은 절대 땅을 보면 안 됩니다. 춤은 노래의 이미지를 시각적으로 표현하기 때문에 땅을 보고 춤추게 되면 자신감이 없어 보일뿐더러 곡에 이미지를 효과적으로 표현할 수 없습니다.

오디션은 안무나 프리스타일을 통해 댄스 가수로서 가능성을 심사합니다. 수없이 많은 반복을 통해 남의 춤을 따라 하는 것이 아닌 '당신이 직접 만든 안무'라고 착각을 불러일으킬 정도로 춤을 춰야 합니다. 시선은 심사자를 바라보고 춤출 노래를 '내 노래'라고 생각해야 합니다. 그리고 립싱크를 하면서 안무를 열정적으로 춰야 합니다.

이젠 춤만 따라 하는 것이 아닌 노래와 어울리는 안무를 통해 이미지를 어떻게 만들어 나갈지 분석하십시오.

3. 화술

  멋진 외모와 호감형의 이미지, 그리고 충분한 보컬, 댄스 실력을 갖췄다면 다음은 커뮤니케이션 능력이 필요합니다. 상대방과 대화를 하다 보면 교양과 지적 수준 그리고 인성을 자연스럽게 알 수 있습니다. 때로는 연예인을 포함한 기타 공인의 말실수가 얼마나 큰 사회적 파장을 일으키는지 TV를 통해 많이 봤을 것입니다.

  말의 힘은 많은 것을 이룰 수도 있고 또한 잃을 수도 있습니다. 그만큼 화술(말을 잘하는 슬기와 능력)은 연예인이 되는 과정에 중요한 역할을 합니다. 또 다른 자기표현의 방법인 화술은 오디션 합격 여부에 큰 영향을 줍니다.

* 정확한 발음 연습 *

  우리가 대화할 때 상대방의 목소리가 정확하고 선명하게 들리는 사람이 있지만 소리가 작고 발음이 안 좋아 무슨 말을 하는지 답답한 사람도 있습니다. 정확한 발음은 나의 의사 표현을 상대방에게 확실하게 전달시킵니다.

  사람은 보통 정확한 발음으로 말을 하지 않고 자연스럽게 흘러

가며 대화를 이어갑니다. 하지만 당신은 반복적인 연습을 통해 정확한 발음으로 말하는 습관을 길러야 합니다. 심사자가 질문하게 되면 정확한 발음과 힘 있는 목소리로 대답해야 자신감 넘치는 모습으로 각인될 수 있습니다.

* 부정적인 말투 고치기 *

화술에 있어 말투는 인성을 엿볼 수 있는 중요한 요소입니다. 성서에는 이런 말이 있습니다. "지혜는 의견에서 드러나고 교양은 말투에서 드러난다" 어렸을 때부터 가정을 비롯한 외부 환경적 요인과 개인적인 습관을 통해 말투는 정해집니다.

상대방에게 호감을 불러일으키는 말투가 있지만 매사에 부정적인 사람은 말투에서 알 수 있습니다. 잠깐의 오디션 자리에서도 부정적인 말투로 말하게 되면 자칫 오해를 받거나 안 좋은 이미지를 심어줄 수 있습니다.

지금 당신의 말투는 어떤지 주변 사람에게 물어보고 객관적인 시각에서 생각해볼 필요가 있습니다. 다수가 당신의 말투에 문제가 있다고 말한다면 의식적으로 노력해서 부정적인 말투를 고쳐나가야 합니다.

지금껏 오디션을 심사하면서 다수의 지망생이 잘 모르거나 생각지 못해 놓치기 쉬운 부분을 나의 경험을 바탕으로 오랜 시간

분석해서 제3의 법칙으로 정리했습니다. 운이 좋아 오디션에 합격하는 시대는 이제 끝났습니다. 현재 자신의 상태를 정확하고 냉정하게 분석해서 돌아볼 줄 알아야 합니다.

이제부터 당신의 장, 단점을 분석한 후 전략적으로 오디션을 준비하여 오디션에 합격하길 바랍니다.

나를 찾지 않는다면 내가 찾아가라

〈부제- 기회를 찾아 만들어라〉

다른 사람들이 할 수 있거나 할 일을 하지 말고,
다른 이들이 할 수 없고 하지 않을 일들을 하라.

아멜리아 에어하트(Amelia Earhart, 1897−1937)
− 여성 최초로 대서양 횡단에 성공한 비행사 −

　당신은 지금껏 몇 번의 오디션을 봤습니까?

　대한민국 사람이면 모두가 알고 있는 월드 스타이자 한국 최고
의 댄스 가수인 '비'(정지훈)는 데뷔 전 18번의 오디션에 떨어진
후 JYP 엔터테인먼트 대표인 가수 박진영의 눈에 띄어 혹독한 트
레이닝을 거쳐 솔로 댄스 가수로 데뷔했습니다. 또한, 실력과 미

모를 겸비한 최고의 여성 보컬리스트 가수 '아이유'도 오디션을 20번 넘게 봤다고 합니다. 이 외 수많은 스타도 과거 오디션에 떨어진 경험담을 방송이나 기타 언론매체에서 심심치 않게 들을 수 있습니다.

불과 5~10년 전에는 지금처럼 오디션을 자주 볼 기회가 흔치 않았습니다. 지금 대한민국은 오디션 열풍을 뛰어넘어 오디션 문화가 자리 잡고 있는 시점에 이르렀습니다. 보통 가수 지망생은 오디션을 보기 위해 정보를 찾아다닙니다. 앞서 설명한 것처럼 기획사 오디션을 보기 위한 수단으로 보컬, 댄스 아카데미를 다니는 경우도 있습니다.

남들이 하지 않는 방법을 찾아라

과거에 내가 가르쳤던 제자 혹은 오디션 지망생에게 나는 이런 말을 했습니다.

"얘들아 너희가 자신 있으면 충분한 자료를(자기소개, 춤, 노래, 특기, 영상) 준비해서 너희가 가수로 데뷔하고 싶은 기획사를 직접 찾아가라. 그리고 신인개발 담당자를 찾아 정중히 네 소개가 들어있는 자료를 드려라. 혹시 만나지 못하거든 만날 때까지 계속 찾아가라."라고 말했습니다. 대한민국 서울에는 당신에 상상 이상으로 크고 작은 기획사가 많습니다. 그리고 인터넷 검색만 하면

홈페이지와 주소를 쉽게 찾을 수 있습니다. 보통은 서울 강남권에 자리 잡고 있으며 대중교통을 통해 어렵지 않게 찾아갈 수 있습니다.

예를 들어보겠습니다. 하루에 2곳에 기획사를 찾아가 당신의 자료를 주고 온다고 가정하면 이론적으로 한 달이면 60개 기획사에 당신의 자료를 줄 수 있습니다. 60개 기획사 중 당신 자료를 검토하고 기획사 이미지와 맞는다면 오디션 기회를 줄 것입니다. 이런 방법을 2달~3달간 반복하면 당신의 열정과 의지를 높게 평가하는 기획사를 찾을 수도 있습니다.

안타깝게도 지금껏 나에게 이런 방법으로 찾아온 지망생은 없었으며 만약 있었다면 나는 오디션 기회를 통해 재능을 다시 한 번 확인하고 심사했을 것입니다. 단! 한 가지 조건이 있습니다. 당신이 정말 자신 있고 후회하지 않게 준비됐을 때 실행에 옮기라고 말하겠습니다.

누군가는 이런 방법이 무모하다 생각할 것입니다. 그리고 대부분 기획사는 귀찮고 달갑지 않은 시선으로 당신을 바라볼 수도 있습니다. 또한 당신의 머릿속은 '이게 가능할까?'라고 생각이 들 수 있습니다. 하지만 부딪쳐보기 전엔 아무도 모르는 일입니다. 미리 불가능을 판단하지 말고 1%의 가능성이 있다면 용기 내서 도전할 가치가 있습니다. 하물며 50~100번의 회사 문을 두드려서 연락이 오지 않더라도 그 패기와 열정은 언젠가 빛을 발휘할 것입니다.

연예 엔터테인먼트 비즈니스는 '사람이 하는 일이고 사람이 수익모델'입니다. 상대방의 마음을 움직여 감동을 줄 수 있는 사람이야말로 진정한 기회를 얻을 수 있습니다.

나는 얼마 전 〈내 마음속의 울림〉이라는 책을 봤습니다. 책 내용 중 깊은 공감이 갔던 문구가 있었습니다.

후회는 크게 두 가지의 후회가 있다.
행한 행동에 대한 후회
하지 않은 행동에 대한 후회
둘 중 무엇이 더 미련이 오래 남을까?
하지 않은 행동에 대한 후회가 더 오래 미련이 남는다고 한다.
그래서 사람들은 했으면 좋았을걸… 하며 인생을 마감한다.
행한 행동에 대한 후회는
쉽게 자기 합리화해 버리며 미련이 많이 남지 않는다.
후회할 것 같으면 해 버려라!
아리까리하면 시작해라!

당신은 부딪쳐 보기 전까지 미리 판단해선 안됩니다. 이런 방법을 당신에게 추천할 수 있는 이유는 내 젊었을 때 경험 때문입니다.

1%의 가능성은 100%가 될 수 있다

나는 스무 살 대학생 때 아르바이트에 대한 로망이 있었고 돈을 벌고 싶어 일을 구하고 있었습니다. 그 당시 대부분 학생은 구인, 구직을 인터넷 사이트나 신문광고를 통해 아르바이트 광고를 찾았습니다. 광고에 기재된 연락처, 이메일 주소로 이력서를 보내고 추후 면접에 합격하면 일할 수 있었습니다.

하지만 나는 다른 방법을 선택했습니다. 우선, 내가 일하고 싶은 가게(커피숍)를 찾아다녔습니다. 가게 외부에는 '아르바이트 구함'이라는 글씨가 쓰여있지 않았습니다. 그렇게 몇 군데를 선택해 한 곳씩 들어가 당당하고 정중히 사장님을 찾았습니다.

〈나〉 "여기 혹시 사장님이나 매니저님 계실까요?"

〈커피숍 사장님〉 "어떻게 오셨어요?"

〈나〉 "안녕하세요. 제가 이 가게에서 아르바이트하고 싶은데
      혹시 괜찮으시면 하루만 일을 맡겨주시고 맘에 안 드시면
      자르셔도 됩니다."

〈커피숍 사장님〉 "지금 아르바이트 구하지 않습니다"

〈나〉 "네 알겠습니다. 저 진짜 일 잘하는데 혹시 모르니깐
      연락처 남기고 가겠습니다. 연락 주세요"

〈커피숍 사장님〉 "……"

기억을 뒤돌아보면 커피숍 7~9곳을 돌아다녔습니다. 그리고 다음 날 2곳에서 연락이 왔었고 이틀 후 또 다른 2곳에서 연락이 왔습니다. 그때 깨닫기를 '결국 사람이 하는 일은 사람한테 감동을 주면 수단과 방법은 무의미해지구나…'라고 느꼈습니다. 오히려 나는 원하는 가게를 선택할 수 있었고 내 말을 책임지기 위해 성실히 일했던 경험이 있습니다.

단순 아르바이트와 당신의 미래가 걸린 오디션을 비교하기에는 여러 상황이 다를 수 있지만 사람이 느끼는 본질적인 감정은 변하지 않습니다. 당신이 진심을 다했다면 그것으로 후회할 필요 없고 진심을 다했어도 아닌 것에는 미련을 남길 필요도 없습니다.

지금껏 기회를 기다렸다면 이젠 기회를 찾아 만들어 보세요. 기획사는 혹시 당신을 기다리고 있을지 모릅니다. 1%의 가능성은 100%의 결과도 만들 수 있습니다.

본전은 없다 영혼까지 베풀어라
〈부제- 기획사 연습생으로서 좋은 인간관계를 위한 1번째 법칙〉

촛불 한 개로 다른 많은 양초에 불을
붙여도 그 촛불의 빛이 약해지는 것은 아니다.

탈무드(Talmud)
- 유대인의 정신적 지주 역할을 해 온 책 -

〈기획사 연습생으로서 좋은 인간관계 유지를 위한 제3의 법칙〉
글은 내가 지금껏 살면서 올바른 인성의 가장 핵심이 되는 내용을
요약해 봤습니다.

주제를 보고 '상대방에게 베푸는 거랑 오디션이랑 무슨 상관이
있을까?'라고 생각할 수 있습니다. 하지만 나는 당신이 오디션만

합격하면 된다는 생각보다 오디션 합격 후 기획사 연습생으로서 문제없이 잘 적응했으면 하는 마음입니다.

아티스트의 인성은 나무의 뿌리

가수 지망생으로 시작해 힘든 오디션을 통과해 기획사 연습생이 됐지만 다른 연습생 혹은 회사 관계자와 사이가 좋지 못해 기획사에서 퇴출당한 사례를 난 주변에서 많이 봤습니다. 그래서 기획사는 아티스트의 실력만큼이나 인성을 중요하게 생각합니다.

장애를 딛고 일어선 위인 헬렌 켈러 (Helen Kelle, 1880-1968)는 이런 말을 했습니다. "인성은 쉽고 조용하게 계발될 수 없다. 시련과 고통의 경험을 통해서만 영혼은 강해지고, 야망이 고무되고, 성공이 이뤄질 수 있다"

그렇습니다. 성공의 바탕에는 인성이 반드시 뒷받침되어야 합니다. 한 가지 예를 들어보겠습니다. 기획사는 장기적인 계획을 세우고 연습생과 계약을 맺고 아낌없는 투자를 합니다. 하지만 아티스트가 너무 빨리 성공하는 바람에 흔히 말하는 연예인 병에 걸려서 자신을 키워준 회사와 주변 스텝의 은혜를 잊고 자신이 잘나서 떴다고 착각하는 연예인 사례를 한 번쯤 들어봤을 것입니다. 이런 아티스트는 장기적으로 회사 이미지의 막대한 손해와 자신을 스스로 몰락의 길로 빠트리게 됩니다. 엔터테인먼트는 결국 사람으로 시작해서 사람으로 끝이 나는 비즈니스기 때문입니다.

하지만 이와 반대로 연습생은 회사를 믿고 데뷔를 꿈꾸며 열심히 준비하는 도중 회사의 여러 사정으로 데뷔 계획이 무산돼 다시 오디션을 보러 다니며 자신을 케어해줄 기획사를 찾는 사례도 있습니다.

한 명의 연습생이 아티스트가 되기까지 기획사는 여러 위험부담을 가지고 투자를 아끼지 않을 것입니다. 각 기획사마다 치열한 경쟁 속에서 아티스트가 잘 돼야 기획사도 살아남을 수 있기 때문에 기획사와 아티스트는 공생관계에 있습니다. 또한, 기획사의 미래는 곧 아티스트의 성공에 달려있기에 아티스트의 인성은 나무의 뿌리와도 같습니다.

보상심리를 버리고 타인에게 서비스하자

나의 주변을 돌아보면 누구에게나 사랑받고 올바른 인성을 지닌 지인들이 있습니다. 내가 겪어본 그들의 특징은 상대방에게 바라지 않고 마음을 베풀 줄 아는 사람이었습니다.

사람은 누구나 보상심리가 있습니다. 보상심리란 내가 상대방에게 베푼 만큼 돌려받길 원하는 생각을 의미합니다. 받는 것보다

주는 것에 익숙한 사람은 인간의 본성인 보상심리가 보이지 않습니다. 눈에 보이는 그들의 모습은 늘 물질적인 손해를 보는 것 같습니다. 하지만 큰 의미에서 그들을 봤을 땐 주변에는 늘 좋은 사람이 함께하고 문제가 발생했을 땐 도움의 손길이 끊이질 않았습니다.

우리는 이런 보상심리를 학습이나 경험을 통해서 줄여나갈 수 있습니다. 보상심리를 점차 줄이기 위해서는 자신을 내려놓는 연습이 필요합니다. 나를 제외한 세상 모든 것을 서비스라고 생각하면 마음이 편할 것입니다. 〈친절 서비스 강의〉의 저자 김상영은 이런 말을 했습니다. "훌륭한 서비스는 고객에게 미소 짓는 것이 아니라 고객으로 하여금 당신에게 미소 짓게 하는 것이다"

서비스 의미에는 보상심리가 포함돼있지 않습니다. 그저 해주고 마는 것이 서비스이기 때문에 당신은 이 세상을 서비스하는 마음으로 살다 보면 더 좋은 서비스를 받을 수 있을 것입니다.

그리고 서비스는 손해가 아닙니다. 서비스는 고객을 감동하게 합니다. 서비스에 감동한 고객은 칭찬을 아끼지 않습니다. 그 칭찬은 당신의 좋은 이미지를 심어줍니다. 좋은 이미지는 곧 올바른 인성으로 인식될 됩니다.

이렇게 서비스하는 마음으로 연습생 생활에서 인간관계를 쌓아간다면 어떨까요. 답은 이미 당신이 알고 있을 것입니다.

진정한 리더는 상대방을 탓하지 않는다
〈부제- 기획사 연습생으로서 좋은 인간관계를 위한 2번째 법칙〉

다른 사람의 결점을 모른척하고 그 장점을 말해주는 것은
사랑의 표현이자 사랑을 얻기 가장 좋은 방법이다.

석가모니(BC 563-BC 483)
- 불교를 창시한 인도의 성자 -

앞서 본문에 〈본전은 없다 영혼까지 베풀어라〉 글을 읽으면서
당신은 어땠나요? 그저 누구나 알고 있는 뻔한 내용이라고 생각하
셨나요?

내가 궁극적으로 알려주고 싶은 오디션의 진실은 당신이 몰랐
던 새로운 사실이 아닙니다. 그동안 당신이 몰랐던 '자신의 예술

적 자질을 일깨우고 진짜 자신의 모습을 돌아보면서 가치를 느끼고 반성하며, 지금 눈앞에 놓인 현실을 지혜롭게 헤쳐나가는 방법'을 〈오디션 비밀〉을 통해 담았습니다.

〈기획사 연습생으로서 좋은 인간관계를 위한 제3의 법칙〉 2번째 법칙인 〈진정한 리더는 상대방을 탓하지 않는다〉는 나도 매일 머릿속으로 되새기며 사회생활에 적용하고 있습니다.

이 법칙은 상대방을 내 편으로 만드는 방법으로써 당신이 기획사에 들어가 회사 연습생 및 관계자와 원만한 인간관계를 유지할 수 있으며 더 나아가 진정한 리더십을 발휘할 수 있게 도와주는 방법입니다. 그리고 설명에 앞서 당신은 늘 겸손과 배려를 바탕으로 진심이 묻어나야 한다는 걸 명심해야 합니다.

우리 주변에서 어떤 문제가 생겼을 때 누군가는 책임을 져야 하는 상황을 한 번쯤은 겪었을 것입니다. 이럴 때 보통 책임자를 찾아 이유를 묻고 때론 질책과 그에 따른 책임을 지게 합니다.

하지만 누구의 잘못과 책임을 떠나 내가 먼저 잘못을 인정하고 사과한다면 상대방은 화났던 감정이 진정될 것이고 문제의 상황은 빨리 정리될 수 있습니다. 그리고 문제의 상황이 내 잘못이 아닌 상대방의 잘못일 경우 상대방은 잘못을 책임 지거나 마음속으로 죄책감과 미안한 마음을 가질 것입니다.

또한, 반대로 어떤 좋은 일이 생겼을 때 누군가에게 공을 돌리면 어떨까요? 좋은 일은 항상 누군가의 크고 작은 희생과 노력이 있습니다. 그 희생과 노력을 밑바탕으로 시간이 흘러 좋은 결과가 나타나기 때문입니다. 이렇게 좋은 결과를 내가 아닌 상대방의 공으로 인정하면 어떨까요? 상대방에게 내 희생과 배려에 대한 좋은 이미지를 심어줄 수 있습니다.

사람은 남을 속일 수는 있어도 자기 자신은 절대 속일 수 없습니다. 상대방의 잘못을 내 탓으로 돌리고 노력의 결과를 상대방의 공으로 인정하는 행동은 아무나 할 수 없습니다. 자신의 이기심을 버리고 겸손과 배려를 항상 마음속에 지니고 있는 큰 포부를 가진 사람만이 할 수 있는 행동입니다.

진정한 리더는 앞이 아닌 뒤에 있다

이런 행동은 조직 내에서 '진정한 리더십'을 발휘합니다. 리더란 조직이나 단체에서 전체를 이끌어 가는 위치에 있는 사람입니다. 미국 가구업계 서열 1위에 올라있는 허먼밀러(Herman Miller) 사의 CEO 맥스 디프리(Max DePree) 회장은 리더에 대해 이렇게 말했습니다. "제일 처음 할 일은 현실을 파악하여 정의하는 것이다. 마지막으로 할 일은 고맙다는 말을 하는 것이다. 그 중간에 리더가 할인은 하인으로 봉사하는 것이다"

맥스 디프리 회장의 말처럼 진정한 리더는 높은 곳이 아닌 낮은 곳에서 모든 것을 포용할 수 있어야 합니다.

한가지 예를 들어보겠습니다. 당신이 가수 데뷔를 솔로가 아닌 팀으로 한다면 팀을 이끌어갈 리더가 필요합니다. 팀을 이끌어갈 리더를 뽑을 때 보통은 나이가 제일 많은 멤버를 리더로 뽑습니다. 하지만 많은 나이에 비교해 팀을 이끌어갈 자질과 능력이 충분치 않다고 다수가 느낀다면 나이 순서가 아닌 진정한 리더십을 발휘할 수 있는 멤버를 리더로서 선발해야 합니다.

팀 내에서 진정한 리더십이란 이렇게 생각합니다. 나보다 다른 멤버를 먼저 생각하고 모든 결정은 독단적이지 않아야 합니다. 멤버들과 충분한 의견 조율 후 다수가 원하는 최선의 방향으로 이끌어가며 팀 내 분열이 일어나지 않게 중심을 지켜야 합니다.

또한, 멤버들과 문제가 생겼을 땐 누구를 몰아서 탓하기보다 자신의 잘못으로 책임질 수 있는 용기가 필요합니다. 팀이 성공해서 대중에게 사랑받을 땐 그 공과 고마운 마음을 멤버들에게 전가할 수 있는 배려가 필요합니다.

선천적으로 그릇(어떤 일을 해 나갈 만한 능력)이 큰 사람은 진정한 리더십을 발휘할 수 있습니다. 하지만 후천적으로 학습과 경험을 통해서 키워나갈 수도 있습니다. 과거에 기획사 연습생 생활과 댄스팀 멤버로서 활동 당시 과거를 떠올려보면 난 '진정한 리더십'을 발휘하지 못했습니다.

나는 선천적으로 큰 그릇을 타고난 사람은 아니지만 부족한 내 자신을 바꾸려고 많은 희생과 노력을 통해서 이런 사실을 늦게나마 깨달았습니다. 이런 사실을 그 당시 누군가 나에게 일찍 가르쳐 줬다면 지금쯤 좀 더 나은 사람이 돼 타인을 돕는 삶을 살고 있지 않을까 생각해 봤습니다.

다행히 당신은 아직 늦지 않았습니다. 앞으로 많은 도전과 기회가 남아있기 때문입니다. 지금부터 시작입니다. 더 멀리 바라보고 더 높이 뛰는 진정한 리더가 되길 바랍니다.

경청은 상대방의 지갑을 열게 한다
〈부제- 기획사 연습생으로서 좋은 인간관계를 위한 3번째 법칙〉

다른 사람의 이야기를 진지하게 들어주는 경청의 태도는
우리가 다른 사람에게 나타내 보일 수 있는 최고의 찬사 가운데 하나다.

데일 카네기 (Dale Carnegie, 1888-1955)
- 작가, 전 대학교수 -

　이 책을 읽고 있을 당신을 생각하며 글을 쓰다 보니 〈기획사 연습생으로서 좋은 인간관계를 위한 제3의 법칙〉 중 어느덧 마지막 단계인 〈경청은 상대방의 지갑을 열게 한다〉까지 왔습니다. 지금부터 당신에게 경청의 힘이 얼마나 대단한지 말해주겠습니다.

나는 아주 성격이 급한 사람입니다. 장점이라면 머리보다 몸이 빨라 무슨 일이든 추진력 있게 진행합니다. 그 덕분에 주변에서는 나를 부지런한 사람으로 인식됐고 기대에 실망시키지 않으려 열심히 살고 있습니다.

반대로 급한 성격 탓에 나는 항상 마무리가 깔끔하지 못했습니다. 그래서 같은 일을 2~3번씩 재확인하고 신중하게 일을 끝맺어야 했습니다. 20대에는 자신감보다 자존감이 높아 자기중심적인 사고방식으로 세상을 바라보고 사람들과 소통했습니다. 그래서 늘 상대방의 이야기를 듣기보다 내 이야기를 하고 살았습니다.

그땐 어리석게도 내 이기심을 리더십으로 착각하며 나 자신을 합리화 시키고 살았습니다. 그렇게 20대가 지나가고 30대가 되어 여러 조직 내 사회생활과 직장생활을 하면서 깨달은 것이 하나 있습니다.

'세상은 내 중심으로 돌아가지 않는구나. 지금껏 상대방이 날 받아줬던 거구나.'

문득, 이런 생각이 들었던 순간 나 자신이 너무 부끄럽고 싫었습니다. 이후 며칠 동안 나의 삶을 돌아보며 후회와 자괴감에 빠졌습니다. 한동안 자신을 반성했고 지금도 많이 부족하지만 늘 경청의 자세를 잃지 않으려고 노력하고 있습니다. 미국의 ABC 뉴스 앵커로 유명한 다이앤 소여(Diane Sawye, 1945~)는 경청에 대해서 이렇게 말했습니다. "내가 배운 교훈이 하나 있다면, 그것은 경청을 대신할 것이 없다는 것이다."

나는 경청에 대해서 다시금 생각하며 많은 걸 느끼고 변화하면서 어느 순간부터 내 눈에 아주 재밌는 모습이 보이기 시작했습니다. 사람들을 자세히 관찰하다 보니 비교적 말을 많이 하는 사람이 자주 계산하는 모습을 봤습니다. 말을 많이 하는 사람은 말을 들어주는 사람보다 돈 계산 빈도수가 잦았고 그 이유에 대해 나는 분석해 봤습니다.

사람은 '자기중심적인 사고'에 의해 나를 알리고 표현하고 싶어 하는 본능이 있습니다. 그래서 사람은 내 이야기를 상대방에게 전달하는 것을 좋아합니다. 상대방은 내 이야기를 들어줄 것이고 말을 많이 했던 나는 내 말을 경청해준 상대방에게 고맙고 한편으로는 미안한 마음이 들 것입니다. 그래서 내 이야기를 경청해준 상대방의 고마움과 미안함의 표현으로 계산이라는 대가를 지불하는 것입니다.

경청을 알게 해준 감명 깊은 책 한 권

경청 때문에 고민하는 나를 위해서 친한 지인이 얼마 전 나에게 책 한 권을 선물해주었습니다. 작가 조신영 씨의 〈경청〉이라는 책이었습니다.

악기회사에 다니는 주인공 이청은 홍보팀 내에서 팀원들의 이야기를 듣기보다 자신의 지식과 경험으로 판단을 했습니다. 그는 귀머거리 베토벤처럼 남의 얘길 듣지 않아서 이토벤이라는 별명을 갖게 됩니다.

회사가 어려워 구조조정이 시작됐고 주인공 이청은 구조조정에 협력하면 악기 대리점 개설권을 준다는 회사 동료의 제안에 다른 직원들의 비난을 감수하며 그 일에 적극 협조합니다. 대리점 오픈 당일 이청은 심한 어지럼 증상으로 쓰러지고 뇌줄기암으로 점차 청력을 잃게 될 거라는 진단을 받습니다.

이청은 아내와 별거 중이며, 성장장애를 겪는 아들 현이가 있습니다. 현이가 바이올린에 천재적 재능이 있다는 걸 알게 된 이청은 유품으로 현이의 바이올린을 직접 만들 결심을 합니다.

회사에서 알게 된 강 팀장과 악기 제작 시술팀에게 기술 전수를 요청하여 강원도 악기 공장에서 3팀 무급 사원으로 바이올린 제작을 배우게 됩니다. 조직된 팀은 수제 현악기 제작하는 팀으로 내부적으로 불평불만이 많은 문제가 심각한 조직이었습니다.

점점 귀가 잘 들리지 않게 된 이토벤은 팀원 한 사람 한 사람 말에 집중하게 됩니다. 이런 이청의 자세로 서로 불협화음을 냈던 팀원들도 서서히 마음을 잡게 되고 자신들의 속마음을 꺼내놓고 얘기하기 시작합니다.

이청이 목재를 구하러 산속에 갔다가 조난당하여 노인의 구조로 사흘간 오두막에서 머물며 마음으로 대화하는 법을 깨우치게 됩니다. 대화하는 방법을 3팀 팀원들에게도 전파하고 이 과정 속에 함께 회사를 회생시킬 수 있는 새로운 공법의 악기를 개발하게 됩니다. 극적으로 회생하게 된 회사는 창립 20주년 기념식을 열게 되고 아들 현이가 바이올린 연주를 하게 됩니다.

이청은 현이의 바이올린 연주를 휴대폰으로 듣는 중 숨을 거둡니다. 현이가 연주한 바이올린은 이청이 직접 제작한 바이올린이었습니다.

- 조신영작가 〈경청〉 책에서...

진심이 담긴 경청은 사람을 싣고

나 역시 대부분 자리에서 먼저 계산하는 편이었습니다. 돌이켜 생각해보면 말이 많았던 터라 경청해줬던 상대방에게 고맙고 미안한 마음에 미리 계산을 했었습니다. 그리고 상대방의 말을 경청한다는 것은 굉장한 노력이 필요함을 다시 깨달았습니다.

사람은 자신을 알리고 표현하고 싶은 본성 있습니다. 경청하는 사람 역시 자신을 알리고 표현하고 싶지만 대부분 참고 들어주는 경우가 많습니다. 타고난 성격 탓에 경청이 익숙한 사람도 있지만 대부분은 수직관계이거나 혹은 어쩔 수 없이 경청해야 하는 상황일 경우가 많습니다.

그리고 경청을 하면 3가지 장점이 있습니다.

1. 상대방의 장, 단점이 보인다

체로키 격언에는 이런 말이 있습니다. "들어라, 그렇지 않으면 당신의 혀가 당신을 귀먹게 할 것이다" 말을 많이 하는 사람은 결국 자신의 장점만 알리지 않습니다. 말을 함으로써 교양 수준, 습관이 입으로 노출되기 때문에 상대방의 단점 또한 보이기 마련입니다. 그래서 경청하는 자세는 상대방의 장, 단점을 빨리 파악할 수 있습니다.

2. 상대적으로 '내가 고마운 사람'이 된다

말을 한다는 것은 결국 누군가는 들어주고 있는 것입니다. 내 이야기를 들어주는 사람을 싫어할 순 없을 것입니다. 상대방의 이야기를 진심으로 경청한다면 당신에게 고마움을 표현할 것입니다.

3. 서로 싸우지 않는다

말이 많은 사람 주변에는 상대적으로 말을 들어주는 사람이 많습니다. 결국 누군가는 말을 들어줘야 하기 때문입니다. 상대도 당신과 똑같이 자신의 말만 하는 사람이라면 의견 차이로 서로 부딮칠 수 있습니다. 경청은 또 하나의 배려이기 때문에 상대방과 관계 속에서 말 때문에 싸우는 일은 일어나지 않는 경우가 더 많이 있는 것입니다.

지난 2009년 노벨평화상을 수상한 버락 오바마(Barack Obama) 전 미국 대통령은 재임 시절 중동문제 해결의 열쇠로 경청을 활용했습니다. 과거 부시 행정부 시절 테러국으로 규정했던 중동 국가에 대해 오바마는 외교사절을 파견하면서 "문제를 해결하라"라는 주문 대신 "잘 듣고 오라"라는 말로 경청의 중요성을 강조했습니다. 결국 오바마 전 대통령은 이집트 카이로에서 이슬람과의 화해 연설을 통해 중동 국가와의 관계 개선에 일조를 한 것입니다. 무력보다는 경청을 통해 싸우지 않고 해결한 것입니다.

상대방의 이야기를 경청한다는 것은 진정한 리더십의 자질 중 핵심입니다. 상대방의 말 안에는 답이 있습니다. 내 생각을 내려놓고 상대방의 입장에서 먼저 경청한다면 관계 속에서 답을 찾을 수 있기 때문입니다.

앞선 나의 경험과 사례처럼 경청은 앞으로 당신이 연습생으로서 그리고 아티스트로서 성장하기 위한 가장 중요한 덕목 중 하나입니다. 지금부터 주변의 이야기를 경청해 보세요. 10분간 진심 어린 경청이 당신 10년간 꿈꿔왔던 것을 이뤄지게 할 수도 있습니다.

02

시간만 때우는 연습은 NO!!
현실적인 연습 방법

1곡을 100번 연습할까…
100곡을 1번 연습할까?
〈부제- 할 거면 제대로 해라〉

"난 1만 가지 발 차기를 한 번씩 연습한 상대는 두렵지 않다.
내가 두려워하는 건 단 한 가지 발 차기만 1만 번 반복해
연습한 상대를 만나는 것이다."

이소룡 (Bruce Lee, 1940년-1973)
- 영화배우 -

　가수가 꿈이고, 꿈을 이루기 위해 연습하고 노력한 결과는 오디
션을 통해 평가받습니다. 가수가 되기 위해 데뷔하는 모든 과정은
'한 사람 인생의 압축판'이라고 나는 생각합니다. 보통 가수 지망
생은 오디션에서 다양한 이미지와 재능을 보여줘야 하므로 여러
곡의 노래를 준비합니다. 그런데 심사자는 지망생의 여러 방면의

가능성을 염두에 두고 심사해야 하기 때문에 지망생이 전혀 생각지 못한 노래를 즉흥적으로 시키는 경우도 있습니다.

이런 변수에 당황하지 않기 위해서는 오디션 과정을 이해해야 합니다. 지금부터 수 천명의 지망생 심사를 하면서 오디션을 보는 당신이 같은 실수를 번복하지 않기 위한 방법을 알려주겠습니다.

먼저 기획사 오디션의 전반적인 과정을 나열해 보겠습니다. 대부분 오디션은 지망생이 부를 수 있는 노래가 1~3곡 정도 됩니다. (참가자가 많은 공개 오디션은 대부분 1곡만 부를 수 있습니다) 기획사 오디션은(공개 오디션 기준) 1차만 보고 바로 합격하지 않습니다. 심사자는 1차 오디션을 통해 수많은 지원자 중 가능성이 있다고 판단되는 지망생을 뽑습니다.

1차 합격자는 2차 오디션에서 끼와 재능, 그리고 다방면의 가능성을 좀더 섬세하게 심사 후 합격자를 뽑습니다. 2차 합격자는 3차 오디션을 통해 기획사 관계자와 개별적으로 미팅을 진행 합니다.

'당신이 올바른 인성과 가치관을 가졌는지 혹은 앞으로 기획사 트레이닝 시스템을 무리 없이 따라올 수 있는지…'등 여러 대화가 오고 갑니다. 이런 과정을 통해 합격한 연습생은 혹독한 트레이닝을 거쳐 대중에게 사랑받는 아티스트가 되는 것입니다.

물론 기획사마다 추구하는 '가치관, 방향성'이 다르고 회사 이미지에 어울리는 기준으로 연습생을 뽑기 때문에 정답은 없습니다. 이런 오디션의 모든 과정에서 지망생은 혼란을 겪을 것입니다. 다양한 노래를 준비하지 못했지만 1곡만큼은 완벽히 연습해 노래를 불러야 할지… 혹은 다방면의 가능성을 보여주기 위해 여러 곡을 연습한 노래를 불러야 할지….

과연 어떤 것이 좋을까요?

1곡을 100번 연습하는 가수 지망생이 되라

나는 지망생에게 '많은 곡을 적게 연습하기보다, 자신 있는 곡을 선택해 많이 연습해라'라고 말하겠습니다. 과연 1가지를 100번 하는 사람과 100가지를 1번 하는 사람 중 전문성이 누가 더 뛰어날까요?

아마 1가지를 100번 하는 사람일 것입니다. 나는 어떤일이든 1가지를 1,000번 이상 해야 비로소 자신의 것으로 만든다고 생각합니다. 그 과정에서는 '실패와 좌절, 그리고 포기를 반복할 수밖에 없습니다. 다만 그것을 인내하고 이겨냈을 때 진정으로 당신의 실력이 되는 것입니다. 수많은 가수 지망생이 오디션에 합격하기 위해 자신이 제일 잘 할 수 있는 노래를 연습합니다.

나는 지망생들의 연습하는 모습을 자주 지켜봤습니다. 대부분 지망생은 완벽하게 1곡을 자신의 것으로 만들지 못한 채 새로운 곡을 연습하고 있었습니다.

내가 봤을 땐 실력이 부족해 더 많은 연습이 필요하지만, 그들은 '이만하면 됐어.'라며 스스로 합리화했습니다. 똑같은 노래를 매일 반복해 연습하는 지루함과 인내심 부족 때문에 결국 1곡을 제대로 부르지 못하고 오디션에 들어가는 모습을 봤습니다.

하루는 연습하는 학생을 불러서 물어봤습니다.

〈나〉 "너 이 노래 몇 번 정도 연습했니?"

〈학생〉 모르겠어요… 그냥 많이 한 것 같은데요?"

〈나〉 "혹시 1,000번 불러봤니?"

〈학생〉 (놀라며) "1,000번이요? 아니요…"

〈나〉 몇 번 정도 불러봤니?"

〈학생〉 "50번 넘게 불러 본 것 같아요."

〈나〉 "알았다."

나는 더 이상 대화를 이어갈 수 없었습니다. 앞의 학생에게 또 다른 특별한 재능이 있지 않은 이상 오디션에 합격하지 못한 이유는 충분했기 때문입니다.

20세기 후반 클래식 음악계를 이끈 거장 레너드 번스타인

(Louis Eliezer Bernstein, 1918-1990)은 이렇게 말했습니다. "하루를 연습하지 않으면 자신이 알고, 이틀을 연습하지 않으면 아내가 알고, 사일을 연습하지 않으면 관객이 안다"

　한 분야에서 전문가가 되고 그 전문성을 바탕으로 대중에게 사랑받으며 많은 부(돈)가 쌓일 수 있는 일이 한 곡을 1,000번 이상 연습하기보다 쉬울까요?

　당신이 오디션에 합격할 때는 그만큼 이유가 있습니다.

　당신이 오디션에 불합격할 때도 그만큼 이유가 있습니다.

　한 곡을 1,000번 이상 해보는 연습을 하지 않고서는 절대 당신이 원하는 꿈을 이룰 수 없습니다. 지금이라도 선택과 집중을 통해 연습에 몰두하십시오.

고음을 두려워 마라, 삑사리나도 괜찮아!
〈부제- 심사자의 마음을 울려라〉

두려움에 집중하지 말라 오직 가고 싶은 곳에만 집중하라

– 작자 미상 –

나는 노래 전공자가 아닙니다. 하지만 여느 보컬 트레이너 못지 않게 보컬 코칭은 자신 있습니다. 분야는 다르지만 15년의 댄스 강사 노하우가 있기 때문에 노래 역시 예술이므로 춤과 크게 다르지 않음을 느꼈습니다.

나의 보컬 코칭은 생리학적 접근법이 아닌 심리적인 접근법으로 가르치고 있습니다. 학생의 잃어버린 자신감을 찾아주고 잠재

된 에너지를 끌어내서 보컬 역량을 조금씩 늘려가며 코칭 전, 후를 비교해 스스로 변화를 느낄 수 있게 가르치고 있습니다.

내 코칭 커리큘럼에는 대단한 방법이 있지 않습니다. 다만 나만의 3가지 코칭 원칙을 적용하고 있습니다.

1. 노래가 안정되고 스스로 자신감을 가질 때까지 곁에 있어 준다

사람이 무언가 한 가지를 반복적으로 연습하기란 쉽지 않습니다. 타고난 정신력의 소유자가 아니라면 시간이 얼마 지나지 않아 지치기 마련입니다. 그래서 본인의 의지로 반복적인 연습을 하기 힘들다면 곁에서 의지를 북돋아주며 학생이 스스로 자신감을 가질 때까지 함께 있어 주는 것입니다.

2. 노래를 부르는 것이 아닌 표현하게 도와준다

대한민국에 노래 잘하는 사람은 매우 많습니다. 같은 조건에서 노래 실력만 갖추고 경쟁한다면 당연히 노래 실력이 월등한 사람이 오디션 합격에 유리할 것입니다. 하지만 뭐든지 한가지 방법만 있지 않습니다. 실력만 갖추고 경쟁에서 밀린다면 방법을 달리하여 노래에 대한 이해와 표현력을 키워 진실한 감정으로 노래를 부를 수 있게 도와줍니다. 실제로 오디션을 볼 때 가창력이 뛰어난 친구보다 노래를 잘 표현하는 친구에게 나는 높은 점수를 주고 있습니다.

3. 고음에 대한 두려움이 없어질 때까지 반복연습 시킨다

보통 가수 지망생은 목이 상할까 봐 혹은 삑사리(노래를 부르다가 노래의 음에서 벗어나 다른 음으로 부르는 현상)가 두려워 고음에서 위축된 마음으로 조심스럽게 연습합니다. 하지만 이런 연습 방법은 고음에 대한 자신감을 떨치고 스스로 고음에 한계를 단정 짓는 방법입니다.

나는 인간의 한계가 없다고 믿습니다. 자신의 음역에서 고음과 싸워지지 말고 모든 수단과 방법을 동원해 고음과 싸워 이기라고 말합니다. 이 과정에서 당연히 목도 쉬고 때론 목이 붓거나 피가 날 수도 있습니다.

내가 경험한 바 몸은 굉장히 정직합니다. 처음엔 익숙지 않은 연습 방법에 몸에 과부하가 생길 수 있습니다. 하지만 반복되는 연습 과정에서 시간이 흘러 몸도 자연스럽게 강한 자극에 무뎌지며 적응하게 됩니다. 계속해서 한계에 부딪치는 학생의 의지는 결국 자신의 음역을 뛰어넘을 수 있는 노하우를 터득하게 되는 것입니다.

독일의 물리학자 알버트 아인슈타인 (Albert Einstein, 1879-1955)은 이런 말을 했습니다. "일단 한계를 받아들이고 나면, 한계를 넘어서게 된다." 모든 설명을 글로 쓰기는 어렵지만 난 보컬 트레이닝의 기본기와 테크닉을 가르치기보다 '스스로 연습하는 습관'을 꾸준히 기르도록 도와주는 코치의 역할로써 학생의 변화되는 모습이 완성될 때까지 채찍과 당근을 주며 가르쳤습니다. 실제로 이런 보컬 코칭을 통해 다수의 학생들이 큰 효과를 봤습니다.

이렇게 '보컬 코칭'에 대해 말한 이유는 나를 자랑하기 위해서가 아닙니다. 지금부터 아주 중요한 이야기를 하기 위해서 잠시 운을 뗀 것뿐입니다.

노래는 도구일 뿐 본질이 아니다

지금껏 오디션 본 가수 지망생의 수를 합치면 대략 5,000명 이상 되는 것 같습니다. 예를 들어, 최소 5,000명에 오디션을 봤다고 가정해 보겠습니다. 당신을 포함한 대부분의 지망생은 오디션 때 고음에서 삑사리날까 두려워 릴렉스(근육이 이완된 편안하게 노래 부를 수 있는) 된 상태가 아닌 경직(긴장된 마음에 목 근육이나 몸이 굳어져 버리는) 된 상태로 노래를 부르게 됩니다.

적당한 긴장감은 안정된 컨디션을 유지해주고 이미지 트레이닝에 도움을 줄 수 있지만, 극도의 긴장 상태는 초조함과 불안감을 가중해 평소에 연습했던 노래 실력을 제대로 발휘할 수 없습니다.

이렇게 극도의 긴장 상태에서 노래를 부르면 노래의 핵심인 후렴 부분으로 갈수록 점점 소리가 갈라지고 가창력을 발휘해야 할 고음에서 삑사리가 날 수 있습니다.

이젠 심사자 입장에서 이야기해 보겠습니다.

오디션은 하나의 전체적인 과정입니다. 춤만 잘 춘다고 오디션에 합격하는 것이 아닙니다. 노래만 잘한다고 합격하는 것도 아닙니다. 어느 한쪽에 치우치지 않고 오디션의 전반적인 과정 안에서 나의 끼와 재능을 자신 있게 보여주고 그 조화로움이 심사자에게 호감으로 비쳤을 때 합격할 확률이 높습니다. 고음을 잘 낸다고 해서 오디션에 합격하고 떨어지는 것이 아닙니다.

어떤 지망생은 고음을 내기 두려워 음이 높지 않은 부르기 편안한 곡을 선택하는 경우도 있습니다. 이럴 땐 지망생 음역의 한계를 알 수 없어 부르던 노래를 멈추게 하고 자신의 고음을 들을 수 있는 노래를 시켜봅니다. 오디션은 경연 대회가 아니기 때문에 작은 실수에 불합격되진 않습니다. 어떤 실수를 하더라도 두려워하지 말고 당신 실력의 한계를 자신 있고 떳떳하게 보여줄 수 있는 용기가 필요합니다.

나는 어디선가 이런 말을 들은 적이 있습니다. "당신이 할 수 없다고 사람들이 말할 때, 그들은 당신의 한계가 아닌 그들의 한계를 보여주고 있는 것이다"

'한계'는 그저 일시적인 현상일 뿐입니다. 당신은 아직 프로가 아닌 프로가 되는 과정에 머물러 있습니다. 오디션은 끝이 아닌 시작이기 때문에 두려움을 용기로 바꾸세요.

의지는 약하고 습관은 강하다
〈부제- 생각하지 말고 연습해라〉

처음에는 우리가 습관을 만들지만,
그다음에는 습관이 우리를 만듭니다.

존 드라이든 (John Dryden, 1631-1700)
- 영국의 시인 -

당신은 어떻게 연습하고 있습니까?

연습한 만큼 결과에 만족하시나요?

누구나 같은 목표를 가지고 서로 의지하는 선의의 경쟁상대가
있을 것입니다. 저한테 가장 무서운 경쟁상대는 아무 생각하지 않
고 연습하는 사람입니다. 주제의 부제인 '생각하지 말고 연습해

라'의 뜻은 목적 이외에 다른 생각을 줄이라는 표현입니다.

나는 초등학교 6학년 때부터 20년 넘게 아무 생각 없이 춤을 췄습니다. 춤 외에 주변의 어떤 것도 내게는 연습을 방해하는 장애물이었고 아무 생각하지 않고 오로지 춤 연습에만 몰두했습니다.

대부분 사람은 자신의 기준을 정해놓고 연습합니다. 예를 들면, '하루에 몇 시간, 하루에 몇 번 연습하겠다'라고 말입니다. 과연 이렇게 기준을 정해놓고 연습을 하는 게 좋을까요? 나는 시간이나 횟수에 기준을 두지 않고 몸이 지쳐 쓰러질 때까지 연습했습니다.

그동안 가르쳤던 제자들을 나는 꾸준히 지켜봤습니다. 똑같은 시간을 연습하지만 실력이 빠르게 향상된 제자는 주변과 시간을 의식하지 않고 아무 생각 없이 꾸준히 연습만 하는 제자였습니다.

아무 생각하지 않고 연습만 한다는 것은 누구나 쉽게 할 수 있는 일은 아닙니다. 자신이 좋아하는 것에 미쳐있지 않으면 집중력이 분산되거나 주변 상황에 영향을 받기 때문입니다.

의지는 습관으로 이겨내야 한다

인간의 의지는 자동적 반사가 아닌 선택입니다. 하지만 습관은 선택이 아닌 무의식적 반자동입니다. 이런 습관의 힘은 주변의 상황(유혹)을 무뎌지게 하고 오로지 습관에 길든 반복되는 연습만 할 수 있게 도와줍니다. 농구 황제 마이클 조던은 골프 천재 타이거 우즈에게 이런 말을 했습니다. "모든 사람이 너는 골프 천재라고 찬사를 아끼지 않을 때 바로 연습장으로 달려가라"라고 말입니다. 나는 요즘도 여러 학교와 학원을 돌아다니며 원장님, 강사님, 관계자들과 많은 대화를 나눕니다. 하루는 커피를 마시면서 실용음악 학원을 오랫동안 운영하고 있는 원장님께 물었습니다.

"원장님은 어떤 애들이 가장 예쁜가요?"

그 원장님은 뭐 당연한 질문을 하냐는 듯이 말했습니다.

"실력 있다고 연습 안 하고 뺀질거리는 애들보다 학원에 빠지지 않고 매일매일 나와서 말없이 연습하는 학생이 낫지 안 그래?"

이는 오디션 분야에만 적용되는 것이 아닙니다. 세계적인 피겨 스케이팅 선수 대한민국의 김연아 선수가 TV 방송에서 이런 질문을 받았습니다. 기자는 김연아 선수에게 물었습니다.
"무슨 생각하면서 연습하세요?"
이에 김연아 선수는 당연하다는 듯 이렇게 대답했습니다.
"무슨 생각을 해요… 그냥 하는 거지."
짧지만 강한 한마디에 김연아 선수의 깊은 내공이 느껴졌고 나역시 공감했습니다.
또한 수영황제로 불리는 미국에 수영선수 마이클 펠프스는 어느 인터뷰에서 이렇게 말했습니다.

"오늘이 무슨 요일인지도 몰라요. 날짜도 모르고요. 전 그냥 수영만 해요."

이렇게 아무 생각이 없다는 것은 이유가 없습니다. 오로지 내 목표만 존재할 뿐 나머지는 생각하지 않고 의지를 뛰어넘는 강한 '습관의 힘'인 것입니다. 주변이 보이지 않을 정도로 강한 집중력을 가지고 아무 생각 없이 연습하는 사람은 언제 어디서나 실력을 통해 인정받고 존경받을 것입니다.

당신이 오디션을 준비하고 있다면 주변 관심이나 선생님이 정해준 횟수에 맞추지 말고 몸이 지쳐 움직이지 않아 쓰러질 만큼 자동으로 습관이 만들어질 때까지 연습하십시오.

연습 자체가 오디션이다
〈부제- 실전처럼 연습해라〉

〈프로와 아마추어〉
아마추어는 시간 때우기 위해 연습하고
프로는 실력을 키우기 위해 연습한다.
아마추어는 '아마'라는 말을 많이 하고
추워라는 핑계를 대며 연습을 피한다.
프로는 '100%'에 가까워지기 위해
어떤 상황에서건 연습을 마주한다.

− 작자 미상 −

　당신은 하루하루 간절함을 담아 집중해서 연습하고 있습니까?
나는 그동안 가르쳤던 많은 학생에 연습하는 모습을 지켜보며 한
가지 의문이 들었습니다.

　"왜 처음 실력은 비슷한데 결과가 이렇게 달라지는 거지?"

이때부터 나는 지망생들의 '습관, 성향, 성격'등을 세세하게 파악하기 시작했습니다. 그리고 학생들의 평소 연습량이나 연습 방법에 따라 결과물에서 큰 차이가 있음을 깨달았습니다.

성격이 급한 지망생은 하루 연습량을 빨리 채워나갑니다. 뭐든지 빨리하려는 성격 탓에 완성도보다는 추진력이 좋습니다. 반면 조용하고 차분한 성격의 학생은 생각이 많습니다. 잘 습득하지 못한 부분에서 고민이 많고, 다소 시간이 걸리더라도 연습량에 집착하지 않고 완성도에 비중을 뒀습니다. 이렇게 각자 자신만의 방법과 노하우로 연습하는 과정에서 대부분 학생에게 공통으로 안 좋은 습관을 발견했습니다.

습관은 의식해서 바꾸지 않으면 평생 그대로다

그것은 바로 연습을 연습처럼 한다는 것이었습니다. 평소에 연습하는 습관은 오디션에서 고스란히 노출되기 때문에 연습 방법은 오디션에 있어서 굉장히 중요합니다.

내가 본 대부분 가수 지망생은 연습과 실전을 따로 구분 지어 연습했습니다. 이렇게 연습할 경우 실제 오디션에서 최상의 컨디션으로 자신의 기량을 발휘할 수 없습니다. 앞서 말했듯이 오디션은 단순히 실력만 갖추고 합격하는 것이 아니기에 당일 컨디션에 따라 심리적 요인이 크게 작용합니다. 오로지 자신에게만 집중되는 오디션 현장에서는 보통 심사자의 기에 눌려 위축된 심리상태로 오디션을 치르게 됩니다.

늘 실전처럼 연습했던 학생과, 연습처럼 연습했던 학생… 이 둘은 실전에서 어떤 차이가 있을까요? 실전처럼 연습했던 학생은 언제나 그랬듯 심리적 안정상태로 오디션을 볼 것입니다. 반면 연습처럼 연습했던 학생은 실전인 오디션 현장에서 자신이 연습했던 기량을 충분히 발휘하지 못합니다. 이 역시 연습하는 습관에서 비롯되는 결과입니다. 노래, 춤 한 번을 연습하더라도 당신은 매일 오디션을 치른다 생각하고 실전처럼 연습하는 습관을 길러야 합니다.

학창시절 나는 연습실이 무대라고 생각하며 연습했습니다. 단순히 춤만 추는 것이 아닌 가수의 노래를 따라 부르며 '내가 춤추는 이 노래의 주인공이다'라고 상상하며 연습했습니다. 춤을 잘 추는 댄서는 많지만 노래의 이미지를 표현하는 댄서는 많지 않았습니다. 그래서 나는 무대 퍼포먼스가 돋보인다는 칭찬을 자주 듣곤 했습니다.

사실 늘 무대라고 생각하고 100번, 1000번 연습하더라도 매번 무대에서 춤출 때마다 나는 긴장되고 떨렸습니다. 하지만 연습부터 실전이라 생각하고 연습했던 습관 때문에 머리보다는 몸이 연습을 기억했고 다행히 무대에서 만족스럽지 못하거나 큰 실수를 한 적은 드물었습니다.

TV에 나오는 가수들은 자신의 노래를 수백, 수천 번 연습 후 완벽한 모습으로 대중에게 선보입니다. 그들 역시 무대 뒤에서는 피와 땀이 섞인 실전과 같은 연습을 통해 얻은 결과물이며 그렇기에 대중은 열광할 수밖에 없는 것입니다.

노먼 빈센트 필 박사는 자신의 저서 〈적극적 사고방식〉에서 이렇게 말했습니다. "자신을 믿어라. 자신의 능력을 신뢰하라. 겸손하지만 합리적인 자신감 없이는 성공할 수도 행복할 수도 없다."

자신을 믿는 것은 매일 실전 같은 연습에서 비롯됩니다. 당신이 꿈꾸고 열광하는 스타는 하루아침에 되는 것이 아닙니다. 연습이 오디션이며 오디션이 곧 연습입니다. 그리고 당신은 '오늘이 마지막 오디션이다'라고 생각하고 연습해야 합니다.

당신의 무대는 따로 있지 않습니다. 바로 지금입니다.

천재의 라이벌은 미친 바보다
〈부제- 제발 적당히 좀 하지 마!〉

어려운 직업에서 성공하려면 자신을 굳게 믿어야 한다.
이것이 탁월한 재능을 지닌 사람보다
재능은 평범하지만 강한 투지를 가진 사람이
훨씬 더 성공하는 이유다.

소피아 로렌 (Sofia Villani Scicolone, 1934~)
- 영화배우 -

"천재와 바보는 백지 한 장 차이다."

누구나 한 번쯤 들어본 앞의 속담은 내 인생에 참 많은 변화를 가져다줬습니다. 그래서 늘 가슴속에 새겨두고 자만하거나 나태해질 때쯤 내 어린 바보 시절을 떠올리곤 합니다. 아쉽게도 나는 천재로 태어나지 못했습니다. 그래서 어쩌면 다행인지도 모릅니다.

내가 지금껏 살면서 가장 싫어하는 말이 있습니다.

"적당히 좀 해!"입니다.

춤추던 학창시절부터 정말 많이 들었던 말이었습니다. 사람들은 내게 늘 '적당히 좀 해'라고 말했습니다.

'가족, 학교 선생님, 팀 멤버, 친구들은' 내가 춤 연습을 할 때면…

"미친놈아 그만해"

"미친놈아 적당히 해"

"미친놈아 그만하면 됐어"라고 말했습니다.

내가 적당했으면 이 책은 세상에 없다.

나는 마음속으로 항상 불만이었습니다.

'도대체 적당히 해서 되는 게 뭐야!'라며 속으로 외쳤습니다. 물론 주변에서는 내가 다치고 아플까 봐 걱정돼서 한 말이라는 것을 잘 알고 있습니다.

하지만 나를 걱정해준 말은 꿈과 목표를 이루기 위해서는 잠시 잊어야 한다는 걸 깨달았습니다. 나는 춤에 미치고 싶어서 미친 게 아니었습니다. 바보처럼 춤 말고 아무것도 몰라서 미칠 수밖에 없었습니다. 방황하던 사춘기 시절 춤은 내 마음에 돌파구였고 인생에 전부였기 때문입니다.

지금은 춤추는 플레이어로서 삶보다 재능 있는 후배 양성과 미래의 주역이 될 아티스트 발굴에 집중하고 있습니다. 그리고 서포터로서 내 나름의 꿈을 실현해가고 있습니다.

천재처럼 천부적인 재능은 없었지만 미친 바보처럼 한 곳만 바라보며 열심히 앞만 보며 달려갔던 경험을 했었기에 나는 당신의 마음을 잘 알고 있습니다. 나는 가수의 꿈을 이루기 위해 노력하는 당신과 더 나은 미래를 준비하는 모두에게 말하겠습니다.

"제발 적당히 좀 하지 마!"

꿈을 이루기 전까진 그 무엇도 적당해서는 안 된다고 감히 말하겠습니다. 적당한 자극은 자신의 미래를 변화시킬 수 없기 때문입니다. 또한, 당신이 성공하고 싶은 분야에 미칠 수 있는 용기가 필요합니다. 심지어 미친다고 모두가 성공하는 것은 아닙니다. 하물며 미쳐보지 않고서 꿈을 이루고 성공하길 바란다면 꿈은 그저 내 머릿속에 상상일 뿐입니다.

미국의 전자공학자 W.볼튼은 이런 말을 했습니다. "살면서 미쳤다는 말을 들어보지 못했다면 너는 단 한 번도 목숨 걸고 도전한 적이 없었던 것이다"

앞의 말처럼 누군가는 이런 방법이 무모하고 가혹하게 느껴질 수 있고, 때론 나를 냉정한 사람이라 비난할 수 있습니다. 하지만 이런 냉정함이 당신의 오디션 합격에 쓰디쓴 약이 된다면 난 기꺼이 차가워지겠습니다. 이 세상에 적당히 해서 바뀌는 것은 없습니다.

진정 원하는 것을 얻고 싶습니까?
지금부터 자신에게 "제발 적당히 좀 하지 마!"라고 외쳐보세요.

3분 안에 모든 것을 보여줘라!
〈부제 – 문을 여는 순간 답은 이미 정해져 있다〉

쉬운 일을 어려운 일처럼, 어려운 일을 쉬운 일처럼 대하라.
전자는 자신감이 잠들지 않게, 후자는 자신감을 잃지 않기 위함이다.

발타자르 그라시안 (Baltasar Graciny Morales, 1601~1658)
-17세기 작가 겸 신학 교수-

보통 기획사 오디션을(공개 오디션 기준) 보게 되면 1명의 가수 지망생에게 약 3~5분에 시간이 주어집니다. 3~5분은 아주 짧은 시간이지만 가수 지망생은 1분이 10분처럼 느껴질 것입니다.

지금껏 열심히 연습했던 가수 지망생의 실력을 5분 안에 평가하려면 심사자에게도 수많은 내공과 통찰력이 필요합니다. 기획사 신인개발팀이나 캐스팅 디렉터는 각자 자신의 관점과 노하우를 가지고 캐스팅을 하므로 짧은 순간에 기획사가 원하는 지망생을 분별할 수 있는 통찰력을 지니고 있습니다.

나 역시 마찬가지로 수많은 가수 지망생을 심사하면서 쌓인 노하우가 있습니다. 그래서 오디션장에 들어오는 지망생의 모습만 봐도 70% 이상 앞으로의 분위기를 파악할 수 있습니다. 이런 전문가는 약 3분이 넘기기 전에 지망생의 가능성을 파악할 수 있습니다. 그래서 당신은 수단과 방법을 가리지 않고 3분 안에 심사자의 마음을 사로잡아야 합니다. 그럼 어떤 자세로 오디션에 임해야 심사자에게 좋은 이미지로 어필할 수 있을까요?

지금부터 3가지 방법을 알려주겠습니다.

1. 바른 자세와 당당한 걸음으로 입장하라

대부분 지망생은 오디션에서 노래와 춤, 그리고 외모에만 신경을 쓰고 있습니다. 하지만 문을 열고 들어올 때 자세와 걸음걸이를 보면 지망생의 성향을 파악할 수 있습니다.

올바른 자세는 심사자에게 바르고 건강한 이미지를 심어줍니다. 시선은 앞을 고정하고 너무 빠르거나 느리지 않은 걸음걸이로 당당하게 입장합니다. 너무 빠른 걸음은 자칫 급해 보이고 긴장되며 초조해 보일 수 있습니다. 혹은 너무 느린 걸음은 둔해 보이고 게을러 보일 수 있습니다. 적절한 보폭과 여유 있는 모습으로 당당하게 입장하면 심사자도 안정감을 느낄 것입니다.

2. 시선은 항상 심사자(카메라)의 눈을 보라

어쩌면 오디션은 '심사자와 가수 지망생의 기싸움'에서 시작됩니다. 심사자는 수많은 가수 지망생 중 단시간에 가능성을 봐야 합니다.

심사자는 날카로운 시선과 넓은 안목을 가지고 예민한 상태에서 당신을 지켜보고 있습니다. 정적이 흐르고 모든 시선은 당신에게 집중되기 때문에 간혹 심사자의(카메라) 눈을 피하거나 고개를 숙이는 경우가 있습니다. 시선을 피한다는 것은 자신감 없어 보이는 이미지를 줄 수 있습니다. 실제로 심사자와 기싸움에서 밀리면 위축된 심리상태에서 본인의 기량을 충분히 발휘할 수 없게 됩니다.

'눈은 마음의 창'이라는 말이 있듯이 자신감은 마음에서 우러나와 눈으로 전달됩니다. 노래를 부를 때도, 춤을 출 때도, 대화할 때도 당신은 항상 상대방의 눈을 보고 소통해야 합니다. 오디션을 볼 때 자신 있는 사람은 그리 많지 않습니다. 심사자는 당신이 긴장한다는 걸 이미 알고 있습니다.

하지만 긴장감을 들키지 않는 것도 기술입니다. 비록 떨리고 긴장되며 자신 없을 수도 있지만, 배짱을 가지고 심사자의 눈을 보며 지금껏 준비한 실력을 맘껏 펼쳐야 합니다.

3. 힘 있는 목소리와 정확한 발음으로 말을 해라

앞에서 언급했던 바른 자세와 당당한 걸음, 자신 있는 시선을 보이지 않는 사람이 말을 똑바로 할 리가 없습니다. 힘 있는 목소리와 정확한 발음은 자신감의 또 다른 표현입니다. 나 역시 수많은 지망생을 심사할 때면 참가자가 교체되는 사이에 지친 나머지 가끔 고개를 떨굴 때가 있습니다. 이때 다음 참가자가 차분한 말투와 안정감을 주는 힘 있는 목소리로 자기소개를 할 때면 나도 모르게 다시 고개를 들고 참가자를 보게 됩니다. 또한, 정확한 발음은 확실한 감정 전달과 호소력 짙은 목소리로 노래를 부를 수 있게 도와줍니다.

심사자가 지망생에게 답답함을 느끼는 순간 지루해질 수밖에 없습니다. 심사자를 온전히 자신에게 집중시키기 위해선 평소 말하는 습관부터 고쳐야 합니다.

독일의 시인이자 자연연구가인 요한 볼프강 폰 괴테(Johann Wolfgang von Goethe, 1749-1832)는 이렇게 말했습니다. "몸가짐은 각자 자기의 모습을 비추는 거울이다"

지금껏 알려준 3가지 방법을 꾸준한 연습을 통해 당신의 것으로 만들어야 합니다. 그래서 자신의 이미지를 3분 안에 심사자에게 각인시켜야 합니다.

단순히 춤을 잘 추고 노래를 잘하며 외모가 뛰어나서 100% 오디션에 합격하는 것은 아닙니다. 오디션은 꼭 필요한 사람(인재)을 뽑는 전체적인 과정입니다. 입장부터 퇴장까지의 '자세, 행동, 말투'는 당신의 첫 이미지의 핵심이며 오디션 합격 여부에 많은 영향을 끼칩니다.

당신의 이미지는 절대 하루아침에 만들어지지 않습니다. 사소한 습관 하나하나가 단시간에 고쳐지거나 바뀌지 않기 때문입니다. 일상에서 수많은 반복과 훈련을 통해 당신의 안 좋은 습관을 고친다면 오디션에서 심사자에게 좋은 이미지를 심어줄 수 있습니다.

03

의지를 불태우는
강한 정신력과 이미지 트레이닝

고민할 시간에 연습하고, 연습하면서 고민해라
〈부제- 고민을 해결하기 위한 고민〉

지금 해야 할 것을 (하지 않고) 더 기다릴수록
그것을 실제로 할 확률은 더욱더 낮아진다.

존 맥스웰(John C. Maxwell, 1947~)
– 미국의 작가 겸 목사 –

　사람은 숨 쉬는 매 순간 선택을 하고 살아갑니다. 그리고 현명한
선택을 하기 위해서는 깊은 고민을 하기 마련입니다. 자고 일어나
눈을 뜨는 순간부터 잠이 들기까지 사람은 누구나 고민 속에 살고
있습니다.
　현재 우리 사회에서 생각과 고민이 많은 사람에게, 흔히들 "A형

아냐?"라는 소리를 심심치 않게 내뱉곤 합니다. 나 역시 생각과 고민이 많은 사람입니다. 그리고 공교롭게도 난 A형이 맞습니다. 생각이 많아 고민을 하게 되고 고민을 해결하기 위해선 신중한 선택을 해야 합니다.

고민이 많으면 소심하다?

(생각->고민->선택->문제 해결)

　나의 뇌 구조는 하루 24시간 이렇게 흘러가고 있습니다. 사실 과거에는 모든 사람이 나처럼 생각하고 사는 줄 알았습니다. 나이가 들면서 어느덧 제 생각이 참 바보 같았음을 깨달았습니다. 내 주변 사람을 포함한 다수의 사람은, 스트레스를 받지 않기 위해 고민하지 않으려 한다는 것을 느꼈기 때문입니다.

　생각과 고민의 힘이 문제 해결에 어떤 영향을 끼치는지, 이것은 당신의 오디션과 어떤 관계가 있는지 지금 이야기해 보겠습니다.

　나는 한 달에 2~3번씩 주변 지인들과 모임을 갖습니다. 친한 형, 누나, 친구, 동생 등 서로 생각과 마음을 공유하며 기분 좋은 인간관계를 유지하고 있습니다. 2명 이상의 다수가 모인 자리에서 대화를 하다 보면 마냥 기분 좋게 떠들 수만은 없습니다.

　각자의 성격과 가치관 그리고 살아온 방식이 모두 다르기 때문에 대화를 하다 보면 칭찬과 응원만 오고 가지는 않습니다. 때론 논란이 생기기도 하고 언성이 높아져 서로 얼굴을 붉히는 경우도 생기곤 했습니다.

이런 모임을 갖다 보면 제가 항상 듣는 말이 있습니다.

"민아! 넌 너무 진지해."
"민아! 그냥 웃고 떠들자~"
"민아! 기분 좋은 이야기만 하자." 등

나는 감정적으로 상대방을 대하거나 피해를 주지 않으려고 늘 말을 아끼고 진지함을 보여 왔습니다. 그래서인지 재미없고 늘 진지한 사람으로 주변에 인식됐습니다. 필요 이상으로 대화를 하다 보면 자기중심을 잃고 가치관이 흔들릴 수 있기 때문에 늘 조심했었습니다. 말을 많이 하다 보면 자칫 선을 넘게 되고 그 선은 곧 실수로 이어지는 모습을 나는 많이 봤습니다.

나 역시 과거 누군가에게는 똑같은 실수를 저질렀고 오랜 시간 동안 자기반성을 통해 경청하는 습관을 길렀습니다. 같은 실수를 반복하지 않기 위해서(문제 해결) 지금까지도 난 늘 생각하고 고민하며 살고 있습니다. 그래서 다수가 모인 자리에서 나는 말을 아끼고 상대방의 말을 주로 경청하는 편입니다.

경청하는 자세는 말실수를 줄이고 상대방의 공감을 이끌 수 있습니다. 상대방의 말 안에는 무수히 많은 생각과 고민을 포함하고 있습니다. 그것을 같은 입장에서 생각하고 문제 해결을 위해 끊임없이 고민해준다면 상대방은 좀 더 나은 방향성을 찾을 수 있습니다. 하지만 많은 사람이 문제를 해결하지 않고 고민을 방치하는 모습을 난 봤습니다. 고민은 쌓아둔다고 누가 해결해주지 않습니다. 고민은 누적되기 전에 해결해야 합니다. 난 어느 책에서 이런 말을 본 적이 있습니다. "고민의 과정에서 사람은 성장하고 그 선택에 따른 책임을 짐으로써 한 번 더 성장한다."

'왜!'를 해결하라

앞의 말처럼 고민은 사람을 성장하기 위한 하나에 발판이자 문제 해결의 시작점입니다. 그리고 당신은 문제 해결을 위해 '왜!'라는 질문을 항상 자신에게 물어봐야 합니다. '왜!'라는 말은 꼭 이유를 찾아야만 해결할 수 있습니다. 그리고 문제 해결에 핵심 역할을 담당하기도 합니다.

예를 들어 보겠습니다.

"당신은 왜! 가수가 되고 싶습니까?"

오디션을 볼 때 심사자가 물어본다면 당신은 어떻게 대답하겠습니까? 질문에 의도를 파악하기 위해서 당신은 많은 생각과 고민을 할 것입니다.

'갑자기 왜! 저런 질문을 하지?'
'왜! 나한테 물어볼까?'
'나는 질문에 뭐라고 대답해야 할까….'

'왜!'라는 질문을 자신에게 묻는다면 문제를 해결할 수 있는 힌트와 용기를 얻기도 합니다. 하지만 지나치게 많은 생각과 고민을 하면 스트레스를 유발하고 자괴감에 빠질 수 있으니 조절을 잘해야 합니다. 이렇게 문제 해결을 위해 고민을 하게 되면 스스로 생각할 시간을 만들 수 있고 머릿속에 많은 경우에 수를 상상할 수 있습니다.

독일의 천재 물리학자 아인슈타인(Albert Einstein, 1879-1955)은 이런 말을 했습니다. "나에게 1시간이 주어진다면 문제가 무엇인지 정의하는 데 55분의 시간을 쓰고, 해결책을 찾는 데 나머지 5분을 쓸 것이다"

세상이 나에게 던지는 '왜!'라는 질문에 마음의 여유와 충분한 시간을 갖고 고민하면서 문제를 해결하길 바랍니다. 다시 한 번 당신에게 외치겠습니다. "고민할 시간에 연습하고, 연습하면서 고민해라."

세상은 진짜 중요한 진실을 알려주지 않는다
〈부제- 너를 찾아서〉

네 믿음은 네 생각이 된다. 네 생각은 네 말이 된다.
네 말은 네 행동이 된다. 네 행동은 네 습관이 된다.
네 습관은 네 가치가 된다. 네 가치는 네 운명이 된다.

마하트마 간디(Mohandas Karamchand Gandhi, 1869-1948)
- 인도의 정신적 지도자 -

하루하루 바쁜 나는 이 책을 왜 쓰게 됐을까요?

나는 요즘 먹는 시간 자는 시간 외 글쓰기에 몰두하는 중입니다.
당신이 오디션에 관해 흔히 알고 있는 '멋진 외모에 노래를 잘하고 춤을 잘 추면 오디션 합격한다.'는 뻔한 내용을 쓰고자 책을 집필하는 것이 아닙니다.

오디션에서 가장 중요한 진실은 무엇인지 그 진실은 우리가 사는 세상과 어떤 연결고리가 있는지… 지식이 아닌 진심을 담아 진실을 알려 주고자 글을 쓰는 것입니다.

나는 학창시절에 연습생 생활을 겪었고
20대 청춘 때는 연습생을 트레이닝 했으며
30대엔 기획사 신인개발팀으로써 연습생을 직접 캐스팅하러
다녔습니다.

30살 중반이 지난 지금 누구보다 연습생에게 많은 애정과 열정을 쏟고 있습니다. 이런 나의 노하우와 정보를 머릿속에만 가지고 있기엔 세상이 나에게 준 선물이 많아 이젠 당신에게 돌려주고 싶습니다.

지식에 저주에서 빠져나와라

우린 어렸을 때부터 공부를 잘해야 한다고 교육받고 자랐습니다. 부모님은 당신이 사회에서 훌륭한 사람이 되길 바라며 헌신과 희생으로 공부를 시켰을 것입니다. 나는 어디선가 '지식에 저

주(wisdom of curse)'라는 말을 들어본 적이 있습니다. 사전적 의미는 '지식으로 삶의 많은 부분을 의존함'이지만 내가 생각하는 지식의 저주란 '지식만 배우는 교육 현실에서 지식 외 중요한 것들을 배우지 못함'이라고 정의하겠습니다.

당신은 '지식의 저주'에 걸려 세상이 정한 최소한의 기준을 지키고 살기 위해서 공부가 필요했던 것입니다. 삶의 기준이 공부가 되어버린 교육의 현실에서 당신은 지식을 쌓기 위해 공부하다 보니 어느덧 정말 중요한 사실을 잊고 살았습니다.

'진실로 소통하고 감성을 공유하며 사랑을 느끼는' 이런 소중한 감정을 어렸을 적부터 지식이라는 교육과 바꿔버린 것입니다. 인간으로서 자연스럽게 느끼는 이러한 감정을 우리는 지식 교육이 끝난 후 뒤늦게 사회에 나와서 알게 됩니다.

나는 공부를 부정하고 입시교육을 비판하는 것이 아닙니다. 다만 '당신이 진심으로 하고 싶은 것을 빨리 찾고 그것에 대해 충분한 전문지식과 경험을 학교에서 배웠더라면 어땠을까…'하는 아쉬움이 남아서입니다.

수없이 많은 오디션을 심사할 때면 대부분 가수 지망생은 '공부하는 것처럼 노래하고 기계처럼 춤을 추고 직장 면접 보는 것처럼 딱딱하게 말하는 모습'을 보며 대한민국 예체능 현실이 안타까웠습니다. 세상은 지식의 저주에 가려져, 진짜 중요한 것이 무엇인지 당신에게 알려주지 못한 게 아닐까요?

오늘 밤 주인공은 나야 나~♬

내가 생각하는 진짜 중요한 진실은 바로 '당신'입니다. 나를 찾는 것이 이 세상 그 무엇보다 가장 중요합니다. '공부, 오디션, 춤, 노래'등 이런 것은 단지 당신을 표현하기 위한 수단일 뿐입니다.

러시아의 유명 화가 마르크 샤갈(Marc Chagall, 1887-1985)은 이런 말을 했습니다. "예술에 대한 사랑은 삶의 본질 그 자체이다" 당신은 자유롭게 상상하고 호기심에 도전하며 세상의 벽에 부딪혀가며 자신의 한계를 찾고 그것을 이겨내야 합니다. 앞으로 당신은 가슴속 진심을 세상에 널리 알리며 세상을 살아가야 합니다.

나는 오디션에서 당신의 재능과 가능성보다 당신 자체를 보고 싶습니다. 노래를 통해 간절한 마음을 전달하고 춤을 통해 내 열정을 보여주며 대화를 통해 당신의 진심을 느끼게 하는 것이 바로 오디션 비밀입니다. 당신은 주어진 시간을 오감으로 느끼고 자신의 행동에 책임을 다하며 주변 사람들과 진실한 소통이 필요합니다. 지금부터 지식의 저주에서 벗어나 세상이 알려주지 않는 자신을 먼저 찾으십시오.

당신은 A/S가 안된다!
〈부제- 당신의 과거를 조심해라〉

경솔한 말이나 농담, 혹독한 명령 남을 배려하지 못하는
이러한 것들을 조심하지 않고서는
책임 있는 높은 위치에 있을 수 없다.

나이팅게일(Florence Nightingale, 1820~1910)
- 영국의 간호사 -

"사람의 인생은 한 치 앞을 내다볼 수 없다"

당신은 어디선가 한 번쯤 들어본 말일 것입니다. 앞의 말처럼 우리는 현실에 놓인 삶을 살고 있습니다. 그래서 사람은 한 치 앞을 내다볼 수 없는 미래(꿈, 장래희망)를 위해 국가가 정해준 최소한의 의무(전문) 교육을 받으며 지식과 교양을 쌓고 있습니다.

우리는 이런 교육을 통해 사회의 구성원으로서 긍정적인 영향력을 미치는 사람으로 성장하고 더 나아가 개인의 자유와 행복을 추구하는 삶을 살아야 합니다. 현재 나의 모습에서 과거를 돌아보고 예측할 수 없는 미래를 준비해야 하는 중요한 시점에서, 당신은 연예인(가수, 배우 등)이라는 미래를 선택한 것입니다. 국민이 없으면 나라가 없듯이 대중이 없으면 연예인(가수)도 없습니다. 엔터테인먼트는 연예인(수익모델)을 만들고 연예인을 통한 대중의 사랑이 회사의 수익을 창출해 냅니다. 다른 의미에서 당신은 앞으로 '연예인이자 상품'입니다.

당신을 명품으로 만들어라

한 가지 예를 들어 보겠습니다. 평생을 한 가지 일에만 몰두해 그 분야에서 인정받는 전문가를 우리는 흔히 장인이라고 부릅니다. 장인의 열정과 노력 그리고 시간이 질 좋은 상품을 만들어 냈을 때 우리는 이것을 명품이라고 부릅니다. 그리고 그 명품에 문제가 생겼을 땐 A/S를 요청하고 고쳐쓰기를 반복하면서 명품에 가치를 느낍니다. 반대로 가치가 없는 상품은 명품이 아니며 문제가 생겼을 땐 쉽게 버려집니다.

앞의 예를 엔터테인먼트 산업에 비교해 보면 어떨까요? 장인은 기획사이고 명품은 당신이며 대중은 소비자입니다. 기획사는 시간과 돈을 투자해 당신을 좋은 아티스트로 성장시키고 대중은 당신을 아끼고 사랑하며 만족을 느낄 것입니다. 하지만 여기서 명품과 당신은 다른 점이 한가지 있습니다.

바로 당신은 물건이 아니므로 A/S가 안 된다는 점입니다.

명품은 하자가 발생하면 부품을 교체하거나 혹은 다른 제품으로 교환할 수 있지만 당신이 연예인으로서 사회적 문제를 일으켰을 때는 대중의 사랑에서 A/S를 받을 수 없습니다.

실수를 바로잡기 위해서는 수많은 시간과 돈이 든다

다른 시각에서 연예인은 사회적 영향력과 책임이 따르는 공인입니다. 이런 공인(연예인)은 사회에 모범을 보이고 희생을 두려워해서 안 됩니다. 당신의 언행(말, 행동)과 재능(춤, 노래) 또한 사회적 영향력과(모방) 직결되기 때문에 늘 조심해야 합니다. 인간으로서 양심에 찔리는 행동이나 도덕적으로 마음에 내키지 않는 일은 하지 않아야 합니다.

위대한 라틴 사상가이자 대표적인 교부철학자인 아우구스티누스(Aurelius Augustinus, 354-430)는 이런 말을 했습니다. "양심과 명성은 두 개의 사물이다. 양심은 너희 자신에게 돌려야 할 것이고 명성은 너희 이웃에 돌려야 할 것이다"

대중의 눈과 귀는 CCTV가 될 것이고 앞으로 당신은 대중(CCTV) 안에서 솔선수범하며 살아야 합니다. 단순히 연예인이 됐다고 유명세를 이용해 당신의 자유와 욕망을 채우려 한다면 분명 대중의 사랑은 채찍으로 변할 것입니다.

나도 어쩔 수 없는 사람이기에 과거 내 행동에 많은 실수가 있었습니다. 20대 후반 학원 운영했을 당시 교육업에 종사하는 학원의 원장으로서 학생들에게 모범을 보이고 책임을 다해야 했지만 그러지 못할 때가 있었습니다.

나는 휴일 없이 매일 반복되는 일에 연속이었습니다. 학생들은 내 마음처럼 따라주지 않았고 나도 지치고 힘든 나머지 여러 핑계로 잠시 학원 운영과 수업에 소홀했었던 것입니다. 신경이 예민했던 난 학생들을 다그쳐 봤고 타일러도 봤습니다. 하지만 몸도 마음도 지치다 보니 책임을 다하지 못하고 몇 번이나 수업을 취소한 적이 있었습니다.

내 잠깐의 실수는 곧 학생들과 커뮤니케이션에 문제를 일으켰고 이를 회복하기 위해 많은 반성의 시간과 경제적 손실을 겪었습니다. 아마 당신도 TV를 통해 간접적으로 공인(연예인)의 몰락을 자주 봤을 것입니다. 물론 꾸준한 시간을 통해 자신의 과거를 반성하고 사죄하며 재기에 성공한 연예인도 있지만 이 모든 과정의 시작과 끝의 주인공이 당신도 될 수 있다는 점을 명심해야 합니다. 지금 내 말과 행동은 과거의 성적표이자 곧 다가올 미래의 결과로 나타납니다. 개그맨 박명수 씨는 한 프로그램에서 이런 말을 했습니다.

"늦었다고 생각했을 때가 진짜 늦었다"

당신도 연예인(공인)이 된 후 과거에 사로잡혀 모든 것을 잃을 수도 있습니다. 그때 모든 것을 다시 되돌릴 수 있다고 생각하는 것은 착각입니다. 유명해지기 전 오늘부터 당신은 늘 언행에 신경 써야 합니다.

성형수술은 당신에게 달콤한 독이다
〈부제- 데뷔 전 성형은 당신의 인생을 망칠 수 있다〉

요행의 유혹에 넘어가지 마라.
요행은 불행의 안내자이다.

이건희(1942~)
– 삼성전자 회장 –

　당신이 오디션에서 가장 궁금할 부분 중 하나가 외모(이미지) 일 것입니다. 연예인(가수, 배우 등) 지망생이라면 당연히 호감형의 외모와 잘생기고 예쁜 얼굴에 멋진 몸매를 가져야 한다 생각할 것입니다.

　외모의 중요성은 수많은 오디션을 심사하는 나 역시 동감하고 있습니다. 첫 이미지에서 외모가 끌리는 사람에게 대중은 호감을 느끼기 때문입니다. 기획사 입장에서도 남들보다 우월한 유전자를 가진 지망생을 선호합니다.

나 역시 오디션을 볼 때면 외모가 빼어난 지망생에게 한 번 더 눈이 가는 건 사실입니다. 하지만 (뛰어난 외모 + 실력 = 연예인) 공식이 100% 성립될까요?

연예인 지망생이라면 누구나 멋진 외모를 무기 삼아 연예인이 되고 싶을 것입니다. 하지만 연예인이 되기 위해 무조건 예뻐지고 싶어 성형수술을 했다가 오히려 자신만이 가지고 있는 좋은 이미지를 망친 사례를 나는 많이 봤습니다.

그래서 나는 당신에게 성형수술이 얼마나 악영향을 끼치는지 알려주고 싶습니다. 지금부터 나의 이야기를 듣고 외모에 대해 올바른 인식을 갖길 바라며 꼭 성형수술이 필요하다면 현명하고 신중한 선택을 하길 바랍니다. 당신에게 한가지 질문을 하겠습니다.

"당신의 외모에 스스로 만족하십니까?"

아마 질문에 만족한다고 말할 수 있는 사람은 그리 많지 않을 것입니다. 왜냐면 본능적으로 인간은 지금 내 삶(외모)에 만족하기보다 더 나은 삶을 살고 싶기 때문입니다.

옛말에 '남의 떡이 더 커 보인다'라는 속담이 있듯이 본질적으로 인간은 이기적이고 나약한 존재입니다. 연예인 지망생이라면 누군가와 경쟁을 해야 하므로 내 상황과 비슷한 누군가와 비교를 하게 됩니다. 그래서 남들보다 좀 더 멋지고 예뻐지기 위해 노력을 하는 것이죠. 연예인이 되기 위해 외모를 가꾸는 방법은 굉장히 다양합니다. 예를 들어, '다이어트, 성형수술, 웨이트 트레이닝, 식단 조절, 피부관리'등 다양한 방법으로 예뻐지기 위해서 나 자신을 꾸밀 것입니다. 내가 나열한 '다이어트, 성형수술, 웨이트 트레이닝, 식단 조절, 피부관리'중 당신의 의지로 할 수 있는 것을 선택해 보십시오. 아마 성형수술을 뺀 나머지는 당신의 의지로 충분히 관리할 수 있을 것입니다.

그리고 이 방법은(다이어트, 웨이트 트레이닝, 식단 조절, 피부관리) 당신의 본래 이미지를 훼손하지 않습니다. 원한다면 지금의 이미지로 다시 돌아올 수 있습니다. 유명 걸그룹 소녀시대 멤버였던 제시카는 이런 말을 했습니다. "죽을 만큼 운동하고 죽지 않을 만큼 먹었어요" 이렇듯 우리가 좋아하고 동경하는 연예인은 자신을 운동으로 힘들게 가꾸고 있습니다.

하지만 성형수술은 어떨까요?

한 번의 잘못된 선택이 다시는 본래 당신의 모습으로 돌아올 수 없습니다. 성형수술은 당신만이 가진 고유의 이미지를 없애버립니다. 그 이미지는 당신 얼굴에서 비치는 매력도 포함하고 있습니다. 성형수술을 통해 좀 더 예뻐질 수는 있으나 사람의 고유한 매력은 사라집니다. 왜냐면 부모님이 주신 진짜 얼굴이 아니기 때문입니다.

나는 오디션에서 연습생을 뽑을 때 단순히 '예쁘다, 예쁘지 않다' 기준으로 뽑지 않습니다. 그리고 눈에 띄는 지망생에겐 성형수술을 했는지 가끔 물어볼 때도 있습니다. 수많은 지망생이 성형수술을 하다 보니 비슷한 얼굴에 식상함을 느껴 오히려 자연스럽고 신선한 얼굴이 눈에 띄는 경우가 많습니다. 대부분의 캐스팅 담당자나 신인개발 관계자는 나와 같은 생각일 것입니다. 그리고 성장이 멈추지 않은 나이에 성형수술을 하게 되면 시간이 흘러 성장이 멈췄을 때는 당신이 원했던 얼굴이 되지 않을 수 있습니다.

그리고 더 큰 문제는 성형수술 부작용에 시달릴 수 있습니다. 모두가 부작용에 시달리진 않지만 성형수술을 하는 순간 부작용의 확률은 존재합니다.

내가 강연을 할 때 한 학생이 이런 질문을 했습니다.

"팀장님, 그럼 기획사 들어가면 성형해도 되나요?"

현재 TV에 나오는 다수의 연예인 중 누군가는 성형수술을 했을 것입니다. 그리고 상황에 따라 이미지 변신을 위해 기획사에서 성형수술을 권유하는 사례도 있습니다. 이런 사례는 연예인과 기획사 사이에 충분한 협의 후 사전 합의를 통해 계약 당시 계약조건에 포함된 내용입니다.(표준 계약 외 서로 충분한 신뢰 관계 속에서 이루어지다 보니 절대적이지는 않습니다.)

실제로 나는 어린 나이에 성형수술로 부자연스러운 이미지를 갖게 된 가수 지망생은 아쉽게도 뽑지 않습니다. 한 번은 지인 소개를 받고 오디션을 보러 온 연습생이 있었습니다. 그녀는 걸그룹으로 데뷔를 하고 활동을 했었으나 회사의 사정으로 팀이 해제되어 실패의 경험이 있는 연습생이었습니다. 그녀의 노래와 춤 실력은 좋았지만 부자연스러운 성형수술로 인해 대중이 원하는 신선한 이미지를 나는 찾을 수 없었고 안타깝게도 나는 오디션에 합격시키지 않았습니다. 이렇게 주변에는 기획사 권유로 성형수술을 했다가 오히려 좋은 이미지를 망쳐 데뷔를 못 한 채 꿈을 포기하거나 지금도 오디션만 보러 다니는 연습생을 많이 봤습니다. 나는 어디선가 이런 글을 봤습니다.

〈성형 팔자〉

눈은 쌍꺼풀
코는 높이고
턱은 양악
얼굴은 성형할 생각을 하면서
팔자를 성형할 생각을 안 하는지 모르겠다.

나는 연예인을 꿈꾸는 지망생에게 이렇게 주의를 주고 있습니다. "대중은 성형수술을 통해 달라진 너의 모습을 보기 위해 방송을 보는 것이 아니다. 선택은 자유지만 성형이 아닌 자연스러운 자기관리를 통해 외모는 충분히 예뻐질 수 있다"라고 말합니다.

나는 당신에게 성형수술 자체가 나쁘다는 말을 하는 것이 아닙니다. 당신 의지가 성형에 의존하면 안 된다는 말을 하는 것입니다. 연예인이 되기 위한 과정에서 성형수술은 필수조건이 아닙니다. 데뷔 전 성형수술은 당신에게 달콤한 독입니다.

노력보다 실력을, 실력보다 매력을…
〈부제- 세상엔 1등만 있는 것이 아니다〉

인간을 좋은 사람 나쁜 사람으로 나누는 것은 무의미하다.
인간은 매력이 있는가, 없는가 둘로 나누어질 뿐이다.

오스카 와일드 (Oscar Wilde, 1854-1900)
- 아일랜드 소설가이자 시인 -

"첫째도 개성, 둘째도 개성, 무엇보다도 오직 개성."

"자기 자신에게 깊게 충실하다 보면, 의식적으로 노력을 하지 않아도 달라질 수밖에 없다고 생각해요."

"무슨 근거인지는 모르지만 이제 좀 알 것 같다는 생각도 들고요. 그래서 악착같이 버텼죠.

　"그런 게 꼭 나쁜 것만은 아니라고 생각해요. 남들 욕도 좀 하고, 내가 더 낫다고 오만도 좀 떨고…. 특히 젊은이들은 그래도 돼요."

　"예술가는 언제나 질문을 할 수 있는 사람이어야 하는데, 그 질문이 정곡을 찔러야 합니다."

　앞의 글은 세계적인 영화감독 대한민국의 '박찬욱' 감독의 인터뷰 내용을 옮겼습니다. 글을 요약하자면 개성의 중요성을 강조했고 '아직 젊으니까 너무 완벽할 필요는 없다'를 말한 것입니다.

　얼핏 보면 내가 지금껏 당신에게 책을 통해 강조한 내용과는 상반된 주제일 수 있습니다. 나는 당신에게 '오디션을 위해서 최선을 다해 노력하는 모습, 자기관리의 중요성 실력 향상을 위해 정신력을 강하게 키우는 방법'등 자신에게 잠재된 가능성과 재능을 끌어내기 위해 나에 경험과 주변의 사례를 통해 알려줬습니다.

　이번에는 기존 내용과 달리 '왜! 실력보다 매력이 더 중요한 가!'에 대해 조금 다른 시각으로 당신의 오디션에 도움을 주고자 합니다.

　세상 모든 사람이 노력으로 실력을 쌓고 그 실력이 매력이 된다면 얼마나 좋을까요? 저명한 미국의 미래학자 엘빈 토플러(Alvin Toffler, 1928-2016)는 이런 말을 했습니다. "젊은 날의 매력은,

결국 꿈을 위해 무엇을 저지르는 것이다." 당신은 아직 젊고 젊음을 매력으로 승화시켜야 합니다. 우리는 각자 다른 매력과 개성을 가지고 태어났습니다. 매력과 개성이 같은 사람은 한 명도 없습니다. 연예인 역시 개인의 뚜렷한 매력과 이미지와 개성으로 나뉘어 취향에 맞는 팬층이 형성됩니다.

심사자로서 오디션을 볼 때면 눈앞 지망생의 개인 점수를 분야, 재능별로 체크할 수 있는 평가표가 있습니다. (Ex, 노래, 춤, 이미지 등) 각자 끼와 재능을 심사자의 주, 객관적인 시각에서 점수로 평가하므로 평가표는 오디션 합격 여부에 중요한 기준이 됩니다. 하지만 오디션은 점수에 맞춰 등급을 나누고 등급에 맞게 등수를 매기진 않습니다. 점수가 곧 내 등급이 되고 등급 기준에 따라 100% 합격 여부가 정해지는 것은 아닙니다. 지망생의 끼와 재능을 평가하는 기준은 평가 점수보다 심사자의 경험과 느낌(감)에 달려있습니다.

오디션 역시 최소한의 평가 기준이 필요하기에 실력에 맞춰 점수를 반영합니다. 하지만 개성과 매력은 눈에 보이지 않기 때문에 점수가 아닌 심사자의 주관적인 안목과 경험을 바탕으로 점수가 매겨집니다.

나 역시 심사할 때면 점수에 얽매이지 않고 내 주관적인 기준에 부합하는 지망생을 찾습니다. 정리하자면, 점수는 점수일 뿐 100% 점수에 의존해 합격자를 가리지는 않습니다.

오디션 1등과 대중의 사랑은 별개다

이런 사례는 TV 오디션 프로그램에서도 찾아볼 수 있습니다. 국민의 투표와 심사자의 점수를 합해 오디션 합격자를 발표하는 과정을 당신은 봤을 것입니다. 합격 점수는 부족하지만, 어느 심사자의 재량으로 실력보단 앞으로의 가능성을 인정받아 합격하는 사례도 있습니다.

오디션은 어느 한쪽의 평가가 아닌 사람의 관계 속에서 각자의 예술적 가치가 균형을 이루어야 합니다. 또 다른 관점에서 생각하면 꼭 1등만 살아남지 않습니다. TV 오디션 프로그램에서도 최종 우승자보다 준우승 혹은 대중에게 인기 있었던 참가자가 이슈와 더불어 사랑받는 사례도 많이 있습니다.

그 대표적인 사례로 Mnet '프로듀스 101' 출신인 아이돌 가수 〈구구단〉의 멤버 김세정은 최종 우승은 못했지만 뛰어난 가창력과 빼어난 미모, 그리고 솔직함과 털털한 이미지로 음악, 드라마, 예능 프로그램에서 왕성하게 활동하며 대중의 사랑을 받고 있습니다. 당신은 대중이 원하는 아티스트가 되는 것이 목적입니다. 경연 대회나 오디션에서 입상하는 것은 시작에 불과합니다. 그리고 가수 지망생이라면 누구나 대형 기획사의 연습생으로 데뷔를 꿈꿀 것입니다. 하지만 대형 기획사라고 꼭 장점만 있는 것은 아닙니다.

회사 규모가 클수록 많은 연습생 사이에서 경쟁은 더 치열할 것이고 그중엔 분명 낙오자도 생깁니다. 대한민국에는 크고 작은 다양한 기획사가 많습니다. 회사마다 다른 콘셉트와 마케팅 전략을 가지고 아티스트(수익모델)를 데뷔시키고 있습니다.

당신의 '가치관과 방향성'을 잘 이끌어줄 기획사를 찾는 것 또한 중요합니다. 나의 가치와 재능에 투자를 아끼지 않는 회사를 만나는 것은 행운이기 때문이죠.

"노력은 눈에 보입니다."
"실력도 눈에 보입니다."
"하지만 매력은 마음으로 느껴집니다."

당신의 실력과 매력으로 함께 성장할 수 있는 기획사를 만나 대중에게 사랑받는 아티스트로 꼭! 성장하길 바랍니다.

시간은 금이 아니다. 시간은 꿈이다!
〈부제- 시간을 연습과 교환해라〉

시간을 도구로 사용할 뿐, 시간에 의존해서는 안 된다.
(시간이 모든 것을 해결해 줄 것이라
기대하지 말고, 시간을 주도하라)

존 F. 케네디(John Fitzgerald Kennedy, 1917-1963)
- 미국 제35대 대통령 -

우리가 흔히 알고 있는 유명한 속담에 '시간은 금이다'라는 말이
있습니다. 세상 사람들은 금을 곧 부의(돈) 상징으로 여기고 있습
니다. 금은 녹슬지 않아 '순수, 가치, 왕도, 부귀, 권위'의 상징으로
사용됐습니다. 아무리 세월이 흘러도 변치 않는 이유입니다.

세상 사람들에게 금은 소중한 시간과 맞바꿀 만큼 중요한 것입니다. 그렇다면 오디션을 준비하는 당신에게 소중한 시간은 무엇과 맞바꿔야 할까요? 바로 꿈과 바꿔야 할 것입니다. 당신은 지금껏, 그리고 앞으로도 시간을 꿈과 바꿔야 합니다.

모두가 알고 있는 사실이지만 시간을 나타내는 시계는 금(돈)으로 살 수 있습니다. 하지만 꿈은 절대 금(돈)으로 살 수 없습니다. 알렉산드라 피네의 명언 중 이런 말이 있습니다. "가장 바쁜 사람이 가장 많은 시간을 가진다. 부지런히 노력하는 사람이 결국 많은 대가를 얻는다." 그만큼 당신의 시간은 노력으로 대가를 얻을 것입니다.

연습과 맞바꾼 꿈!

나는 학창시절 주변에서 '춤에 미친놈' 소리를 들어가며 연습했습니다. 그 이유는 '춤이 곧 나의 꿈'이었기 때문입니다. 나는 꿈을 위해 공부와 연습을 교환했고 배가 고팠지만 꿈을 위해 점심시간과 연습을 교환했으며 계속되는 연습에 지치고 피곤했지만 충분한 휴식과 수면을 연습과 교환했습니다. 꿈은 오늘 이루지 못하면 내일 이룰 수 있습니다. 하지만 오늘 연습시간은 다시 돌아오지 않기에 나는 늘 하루 24시간과 연습을 교환하며 학창시절을 보냈습니다.

그 당시 내 꿈은 가수가 아닌 단순히 춤을 잘 추고 싶은 마음뿐이었습니다. 시간과 교환한 연습은 내 꿈을 이루게 해줬습니다. 당신이 오디션 합격 후 기획사의 혹독한 트레이닝을 거쳐 데뷔한다면 당신의 위치에 맞는 부(돈)는 자연스럽게 따라올 것입니다.

지금 당신에게 주어진 시간은 연습과 얼마만큼 교환하고 있습니까? 노력과 몸은 절대 당신을 배신하지 않습니다. 노력한 만큼 몸은 변화가 올 것이고 그 변화는 당신에게 꿈을 가져다 줄 것입니다.

지금 난 또 다른 목표를 향해 내게 주어진 하루 24시간을 꿈과 교환하는 중입니다. 내 꿈은 당신의 연습 시간이 오디션 합격과 교환할 수 있게 책을 통해 도와주는 것입니다. 내가 곁에서 도울 테니 당신은 시간과 싸워서 꼭 꿈을 이루길 바랍니다.

심사자는 있는 그대로를 원한다
〈부제- 자연스러움은 최고의 무기다〉

다른 누군가가 되어서 사랑받기보다는
있는 그대로의 나로서 미움받는 것이 낫다.

커트 코베인 (Kurt Cobain, 1967–1994)
– 미국의 록 뮤지션 –

왜 오디션은 합격자 매뉴얼이 없을까요?

가전제품을 구매하면 사용법이 담긴 설명서가 들어있지만 오디
션은 따로 합격 매뉴얼이 정해져 있지 않습니다. 그래서 단 한 번

기회에 당신이 그동안 준비했던 모든 에너지를 쏟아내야 합니다. 또한 큰 실수를 하지 않기 위해서는 어떤 상황에서도 흔들리지 않는 고도의 집중력이 필요합니다.

당신은 심사자에게 긴장된 마음과 초조함을 들키지 않기 위해 어떻게 행동하고 있습니까? 대부분 가수 지망생은 심장이 두근두근하고 손에 땀이 날 정도로 긴장될 것입니다. 하지만 포커페이스(속마음을 나타내지 아니하고 무표정하게 있는 얼굴)를 하고 아무 문제 없는 듯 태연한 모습을 보이곤 합니다.

꾸미지 않아도 진짜는 진짜다

몇 년 전 아끼는 제자가 고민이 있다며 찾아와 내게 이런 질문을 했었습니다.

"원장님! 오디션을 볼 때 너무 겸손해 보이면 소심하고 자신감이 없어 보일 것 같고 괜히 있지도 않은 배짱부렸다가 거만해 보여서 떨어지면 어떡하죠?"

제자는 꽤 진지한 표정으로 내게 물어봤습니다. 그리고 나는 이렇게 대답했습니다.

"네가 지금껏 인생을 진실하게 살았다면 겸손함은 자연스럽게 묻어날 것이다. 오디션에 합격하기 위해 억지로 겸손한 척할 필요는 없다. 어차피 기획사를 들어가더라도 진실하지 않은 겸손함은 들키게 돼 있으니 편하게 너의 자연스러운 모습을 보여줘라.

배짱도 마찬가지로 필요 이상 멋져 보이려고 드러낼 필요 없다. 지금껏 네가 떳떳하게 연습하고 준비했다면 지금 네 모습이 최선일 테니 있는 그대로 오디션 때 보여주면 될 것이다. 그리고 결과에 대해서는 한치에 의심 없이 받아들이길 바란다."

제자의 사례처럼 당신도 한 번쯤은 고민했을 것입니다. 뭐든지 너무 잘하려고 하면 심적 부담 때문에 오히려 역효과가 날 수 있습니다. 평소 자신의 생활습관이 당신의 이미지를 만들어주는 것이지 일부러 만들어 낼 필요는 없습니다.

대한민국 최고의 영화배우 최민식은 이런 말을 했습니다. "진짜는 귀하다. 흔하지 않다. 내가 나를 귀하게 만들어야겠다는 자존심이 있어야 한다. 예쁘고 매력적으로 보이려 애쓰지 마라. 감정을 정확히 짚으려고 노력해야 한다. 테크닉이 좀 투박하고 세련되지 못하면 어떠한가? 본질로 들어가라" 앞의 말처럼 당신은 본질이 무엇인지 느껴야 합니다.

나의 태도가 누군가에게 호감을 주기란 그리 쉬운 일이 아닙니다. 심사자는 당신의 있는 그대로의 자연스러운 모습을 원합니다. 진짜 중요한 것은 진실한 오늘 하루의 최선입니다. 그 최선이 조금씩 쌓여 실력이 되고, 그 실력으로 오디션에 합격할 수 있습니다.

자신의 한계를 스스로 정하지 마라
〈부제- 인간의 의지는 위대하다〉

'한계'란 가두어진 틀이다.
갇혀 있기에 자유로이 그 이상으로 올라가지 못한다.
그러나 새장에 갇힌 새와 인간의 다른 점은, 자신 스스로를 개발시킴으로
더 높은 차원으로 오를 수 있다는 말이다.

─ 작자 미상 ─

내가 좋아하는 단어 중 한계라는 단어가 있습니다. 한계는 양날
의 검과 같아서 내가 어떻게 사용함에 따라 긍정적일 수도 부정적
일 수도 있습니다. 인간은 한계에 머물 수도 있고 혹은 뛰어넘을
수도 있습니다. 이렇게 한계라는 표현을 자신에게 적용하면 한계
의 의미를 스스로 어떻게 생각하는지 알 수 있습니다. 나는 아직

안정보다 도전하는 삶을 꿈꾸며 살고 있어서 한계에 부딪혀서 이겨내는 삶에 재미와 만족을 느끼고 있습니다.

한계는 우리의 소소한 일상에서 늘 부딪치고 있습니다. 예를 들어 내일 중요한 시험을 앞두고 늦은 새벽까지 잠을 안 자고 공부해야 할 때면 수면의 한계와 싸우게 됩니다. 또한 살이 쪄 다이어트를 해야 할 때는 식욕의 한계에 부딪치게 되고 직장에서 일을 할 때면 업무량의 한계와 싸우기도 합니다. 이렇듯 우리는 자신의 의지로 한계를 이겨냈을 때 어제의 나보다 더 성숙한 모습으로 성장할 수 있습니다.

웨이브 1,000번에서 얻은 깨달음

지금 당신은 자신의 한계와 싸워서 이기고 있습니까?

미국의 유명 작가 나폴레옹 힐(Napoleon Hill, 1883-1970)은 이렇게 말했습니다. "우리가 한계라고 인정하는 것 외에는 한계란 없다" 나는 어렸을 적 춤을 추면서 한계와 늘 싸웠습니다. 어려운 동작을 완성해야 할 때면 끊임없는 반복으로 연습했습니다.

한 번은 이런 일이 있었습니다. 춤의 기본 동작 중 웨이브(WAVE)라는 동작을 연습할 때였습니다. 여러 종류의 웨이브 중에 팔을 이용한 암 웨이브를 연습할 때였습니다. 팔을 이용해 파도를 연상케 하는 기본적인 동작인데 춤을 처음 배우는 사람은 섭지 않은 동작입니다.

어느 날 내게 춤을 가르쳐준 스승님께서 웨이브 1,000번을 연습하라고 내게 말했습니다. 나는 말도 안 된다고 생각했습니다. '100번 정도 하면 그만 시키겠지'라며 생각하고 웨이브를 연습했습니다.

몇 십 번을 연습했을 때 팔, 어깨, 목에 통증과 근육경련이 일어나기 시작했습니다. 하지만 스승님은 팔을 내리지 말고 버티라며 소리쳤고 그렇게 계속해서 반복연습을 했습니다.

나는 몇 백 번에 연습 도중 너무 고통스러워 팔이 저절로 내려갈 때쯤 스승님은 계속 내 팔을 다시 올리며 1,000번을 완성하라고 말했습니다. 온몸엔 땀이 찼고 팔이 너무 아파 내 팔은 더이상 들지 못할 정도로 너덜더널 해졌습니다. 너무 힘들어 눈물이 났지만 나는 끝까지 참아냈고 완벽한 자세는 아니었지만 몇시간에 걸쳐 결국 1,000번을 완성했습니다. 힘들어도 내가 목표한 것을 끝냈다는 게 너무 신기하고 나 자신이 대견스러웠습니다.

인간의 의지는 한계가 없구나

그 이후에도 나는 여러 번의 한계를 부딪쳤고 스스로 이겨냈을 때는 실력이라는 보상이 따라왔습니다. 내가 제자들을 가르칠 때 항상 1,000번의 연습을 강조하는 이유도 그것입니다. 1,000번의 연습은 자신의 한계와 부딪칠 수밖에 없습니다. 하지만 싸워 이겨내는 순간 실력은 온전히 자신의 것이 되기 때문입니다.

한계는 스스로 만들어낸 자기 합리화입니다. 당신은 무한한 잠재력과 가능성이 있습니다. 자신을 믿고 한계에 도전해 지금보다 더 나은 모습으로 성장해야 합니다.

노력의 끝은 될 때 까지다
〈부제- 인디언은 비가 내릴 때까지 기도했다〉

뜨거운 열정보다 중요한 것은 지속적인 열정이다.

마크 저커버그 (Mark Elliot Zuckerberg, 1984~)
- 페이스북 CEO -

20대 후반 댄스아카데미를 운영하던 때 이야기입니다.

여러 제자가 서울에 올라가 기획사 오디션을 봤지만 합격하지 못한 제자에겐 항상 이렇게 말했습니다.

"얘들아 좌절하지 마라. 노력의 끝은 될 때까지다! 아직 네가 꿈을 이루지 못했다면 될 때까지 노력하는 중일 것이다."라고 격려해 줬습니다. 실제로 나는 경험을 통해 느꼈으며 자신 있게 학생들에게 이야기할 수 있었습니다. 발상의 전환이 사람에게 큰 힘이 될 수 있음을 나는 알고 있기 때문입니다.

하고 싶은 일에는 방법이 보이고 하기 싫은 일에는 핑계가 보인다

한 번은 이런 일이 있었습니다. 내 나이 21살 어느 날이었습니다. 댄스 강사 생활을 시작한 지 3달도 채 되지 않을 시기에 힙합 댄스 문의가 많아서 수업을 제외한 나머지 시간은 신규 회원 상담을 도맡았습니다.

상담 중 회원님이 궁금한 질문은 한 가지었습니다.

"선생님 제가 몸친데 수업 들으면 저도 춤을 잘 출 수 있나요?"

많은 회원이 앞의 질문을 제게 물었고 나는 자신 있게 대답했습니다.

"회원님 제가 말하는 대로 1달만 수업 들어보시고 1달 후 지금보다 춤이 늘지 않았다고 생각되면 수강료를 전액 환불해 드리겠습니다."

"단! 한 가지 조건이 있습니다. 한 달 동안 2회 이상 수업에 빠지지 마세요."

내가 제시한 조건을 마다하는 회원님은 한 명도 없었습니다. 나역시 회원님이 수업을 듣고 실망하거나 컴플레인이 들어오지 않도록 열심히 수업을 했습니다. 누가 봐도 '선생님은 최선을 다하고 있구나…'라고 생각이 들게 수업을 이끌어 갔습니다. 그렇게 조건을 제시하고 이후 난 단 한 번에 컴플레인도 받지 않았습니다.

그 이유는 간단했습니다. 회원님이 내가 말한 조건을 지키고 1달간 수업에 참여한다면 환불을 요구하는 회원님은 한 명도 없을 것임을 나는 알고 있었기 때문입니다.

만약 환불이라는 조건을 가지고 회원님이 열심히 수업에 참여했다면 나에게 상담 받던 날보다 조금이라도 실력은 나아질 수밖에 없습니다. 회원님이 스스로 핑계를 대지 못하도록 난 조건을 걸었고 그 덕분에 꾸준히 수업에 참여해 자기도 모르게 실력을 쌓은 것입니다.

나는 수업시간 회원님에게 최선을 다하는 모습을 보여 줌으로써 신뢰를 쌓았기 때문에 내 조건은 서로를 충족시킬 수 있었습니다.

필리핀 속담에는 이런 말이 있습니다. "하고 싶은 일에는 방법이 보이고 하기 싫은 일에는 핑계가 보인다." 사람은 꾸준한 시간을 가지고 반복적으로 학습하면 실력은 좋아질 수밖에 없습니다. 단지 회원님은 전문가가 아니므로 누군가를 믿고 의지하고 싶은 심리를 나는 활용한 것뿐입니다.

이번 계기를 통해 나는 노력에 대해 많은 것을 깨닫게 됐고 지금도 노력의 끝은 될 때까지라는 말을 주변에 자주 내뱉습니다. 이런 비슷한 사례는 과거 인디언의 역사 속에서도 찾아볼 수 있습니다.

인디언 기우제가 주는 지혜

'인디언 기우제'라는 말이 있다.
인디언들이 기우제를 지내면 반드시 비가 내린다.
그들에게만 유독 영험한 비를 내리게 하는 주술사(rainmaker)
가 있어서일까? 아니다. 그 이유는 간단하다.
바로 그들은 비가 올 때까지 계속해서 기우제를 지내기 때문이다.
– 출처 〈삶에 단비가 필요하다면〉의 머리말에서

요약하자면, 물이 귀하던 농경사회 시절 인디언은 극심한 가뭄이나 비가 필요할 때 기우제를 지냈습니다. 비가 필요하면 하늘은 언제나 인디언의 기도를 들어줬고 그렇게 비가 필요할 때면 인디언은 비가 내릴 때까지 기우제를 지냈다고 합니다.

과거 인디언의 역사 속에도 이런 기록들이 있듯이 우리가 사는 세상의 이치는 변하지 않습니다. 다만 우리는 인간이라는 불완전하고 나약한 존재기 때문에 시간이 흐를수록 생각과 행동에 많은 변화가 생깁니다.

지금껏 노력은 당신을 배신하지 않았습니다. 노력은 늘 당신 곁을 지키고 있습니다. 혹시 당신의 포기로 인해 노력의 결실을 보지 못하고 있는 건 아닐까요? 앞으로 당신은 꾸준한 노력으로 자신을 알아가고 세상의 이치에 맞게 중심을 지키면서 살아가야 할 것입니다.

힘들 땐 상대평가를, 기쁠 땐 절대평가를
〈부제- 왜! 세상은 나에게 시련을 줄까〉

성실함의 잣대로 스스로를 평가하라,
그리고 관대함의 잣대로 남들을 평가하라.

존 미첼 메이슨(John Mitchell Mason, 1770-1829)
- 미국 설교자 겸 신학자 -

아카데미 강사 시절 난 제자들에게 늘 입버릇처럼 하던 말이 있었습니다.

"애들아~ 힘들 땐 상대평가를 하고, 기쁠 땐 절대평가를 하렴."

제자들은 무슨 말인지 나에게 되물었습니다.

"힘들 땐 상대적으로 나보다 더 힘든 사람을 생각하며 시련을 버티고, 좋고 기쁜 일이 있을 땐 자신을 칭찬하라는 뜻이다."라고 난 말했습니다.

　이런 말을 한 이유는 나의 과거에서 비롯됐습니다. 나는 고등학생 때 '상대평가, 절대평가'라는 말을 처음 들어 봤습니다. 당시 대한민국은 대학 수학 능력 평가를 어떻게 구분 지어야 할지에 대해 '상대평가, 절대평가'를 가지고 해마다 논란이 끊이질 않았습니다.

　'상대평가'란 개인의 학업성과를 다른 학생의 성적과 비교하여 집단 내에서의 상대적 위치로 평가하는 방법이고 '절대평가란' 학생의 학업성취도를 어떤 절대적인 기준에 비추어서 평가하는 방법을 의미하는 단어입니다. 하지만 나는 이 단어(상대평가, 절대평가)를 관심도 없는 공부에 적용하기보다 나의 인생에 중요한 시점에 늘 적용했습니다.

시련은 보다 더 멀리 나아가기 위한 장치

　그 시점은 바로, 나에게 시련이 찾아왔을 때입니다. 현대그룹의 창업자 정주영(1915-2001) 회장의 말처럼 "시련은 있어도 실패는 없다"를 마음속으로 외치며 '힘들 땐 상대평가를, 기쁠 땐 절대평가'를 하며 살았습니다.

　마찬가지로 당신이 오디션을 준비하는 과정에서 느끼는 희로애락은 크게 영광과 좌절로 나눌 수 있습니다. 어쩌면 로또 당첨만큼 희박한 확률 속에 당신의 가장 소중한 인생의 한 조각을 바치고 있는 것입니다.

모두 다 오디션에 합격해서 기획사 연습생이 되면 더할 나위 없이 좋겠지만 누군가는 좌절을 맛보고 또 다른 누군가는 노력의 결실에 영광을 맛볼 것입니다. 나는 당신에게 힘들고 좌절할 땐 '상대평가'하라고 말하겠습니다.

삶에서 좌절은 세상이 나에게만 주는 채찍이 아닙니다. 좌절의 고통은 성장의 과정에서 인간이라면 누구나 느끼는 당연한 상처입니다. "왜 세상은 나에게 이런 힘든 시련을 줄까?"라고 생각한다면, 당신은 아직 성장할 시간이 많이 남아있다는 증거입니다. 이럴 땐 '상대평가'를 통해 고통에 시간을 분산시킬 수 있습니다.

"나보다 더 힘들고 고생하는 사람도 많을 텐데…나는 내가 좋아서 선택한 길이기 때문에 힘든 시간쯤이야 버틸 수 있어!"

이렇게 자신에게 최면을 걸어보는 건 어떨까요? 당신은 사랑하는 가족 혹은 지키고 싶은 누군가를 생각하며 좌절의 시간을 버텨내야 합니다. 췌장암 말기의 시한부 환자였던 케네디 멜론대학의 공과대 교수인 랜디 포시(Randy Pausch, 1960-2008)는 죽기 전에 한 마지막 강의에서 이런 말을 했습니다. "장벽이 서 있는 것은 가로막기 위함이 아니라, 그것은 우리가 얼마나 간절히 원하는지 보여줄 기회를 주기 위해 거기 서 있는 것이다" 랜디 포시 교수의 말처럼 당신의 시련은 좌절이 아닌 보다 더 멀리 나아가기 위한 장치임을 명심해야 합니다.

반대로 꾸준한 연습과 노력을 통해 깨달음을 얻고 실력이 향상
됐다면, 또한 가능성을 인정받았거나 오디션에 합격했다면 '절대
평가' 하라고 말하겠습니다.

　　세상 누구보다 소중한 나 자신에게 칭찬과 격려를 아끼지 말고
그동안 땀과 눈물에 대한 보답에 감사하며 늘 내 편이 돼주고 응
원을 아끼지 않았던 가족과 주변 사람에게 영광을 돌리라고 말하
겠습니다.

　　오디션을 비롯한 이 모든 과정의 결과는 결국 나 자신과 싸움입
니다. 당신의 정신력을 바로잡지 않으면 결코 아무것도 이룰 수
없습니다.

　　앞으로 당신은 힘들 땐 '상대평가'를 통해 지금 내 고통에 감사
할 줄 알며 기쁠 땐 '절대평가'를 통해 노력의 결실에 자신을 칭찬
하길 바랍니다.

꿈은 이루라고 있는 것이 아니다,
꿈은 잃지 말라고 있는 것이다
〈부제- 희망을 버리지 말고 내 옆에 둬라!〉

아름다운 꿈을 지녀라.
그리하면 때 묻은 오늘의 현실이 순화되고 정화될 수 있다.
먼 꿈을 바라보며 하루하루 마음에 끼는 때를 씻어나가는 것이 생활이다.
아니, 그것이 생활을 헤치고 나가는 힘이다.
이것이야말로 나의 싸움이며 기쁨이다.

라이너 마리아 릴케 (Rainer Maria Rilke, 1875-1926)
- 독일의 시인 -

꿈(공간, 시간 따위에 제한이나 한계가 없다)이라는 말처럼 무한함을 표현할 수 있는 단어는 많지 않습니다. 어찌 보면 너무 허무맹랑한 말일 수도 있고, 또 한편으로는 인간을 상상 속에 가둬버리는 말일 수도 있습니다. 도대체 왜 우리는 꿈을 가지고 살아야할까요? '꿈을 이루다!'라는 말은 과연 나와 상관이 있을까요?

당신의 꿈은 연예인이(가수, 배우 등) 되는 것입니까? 누군가는 연예인을 꿈꾸며 살고 있고 또 다른 누군가는 자신의 꿈이었던 연예인이 돼서 꿈을 현실로 이뤘습니다. 지금부터 꿈에 관해 이야기해보겠습니다.

보통 사람은 장래희망을 꿈으로 여기고 살아갑니다. 하지만 내 꿈은 장래희망이 아니었습니다. (Ex, 나는 훌륭한 의사가 되고 싶다) 어렸을 적 내 꿈은 춤을 잘 추는 것이었습니다. 춤을 아주 잘 추는 것이 직업을 갖는 것보다 큰 꿈이었습니다. 그래서 나는 꿈을 위해 밤낮 가리지 않고 춤 연습에 몰두했고 시간이 흘러 그 꿈은 현실로 이뤄졌습니다.

나는 원하는 만큼 연습했고 그에 보답하듯 몸은 거짓말을 하지 않았습니다. 지금 나는 꿈을 통해 자연스럽게 좋아하는 직업을 갖게 됐고 또 다른 꿈을 향해 나아가고 있습니다. 하지만 난 꿈을 이뤘을 뿐 꿈을 위해 춤을 추진 않았습니다. 춤을 잘 추는 것이 꿈이 아니었어도 나는 계속해서 춤을 췄을 것이고 시간이 흘러 분야의 전문가가 돼 춤과 연계된 일을 계속했을 것입니다.

그때 난 느꼈습니다.

'꿈은 이루라고 있는 것이 아닌 잃지 말라고 있구나!'

영국의 극작가이자 소설가인 조지 버나드 쇼(George Bernard Shaw, 1856-1950년)는 이런 말을 했습니다. "사람들은 존재하는 것들을 보며 왜지?라고 말한다. 나는 존재한 적이 없는 것들을 꿈꾸며 왜 안돼?라고 말한다"

모든 사람은 자신의 꿈을 이루고 싶어 합니다. 하지만 꿈은 절대적이지 않기 때문에 각자 상황에 따라 이룰 수도 있고 혹은 이루지 못할 수도 있습니다. 하지만 그 과정은 당신의 노력이 늘 함께할 것입니다. 꿈도 마찬가지로 당신이 이룰 때까지 노력한다면 분명 이룰 수 있습니다.

그리고 또 다른 의미에서 꿈은 우리가 잃지 말아야 할 존재입니다. 깊게 생각해보면 '꿈은 곧 희망이다'라고 표현할 수 있습니다. 사람은 누구나 희망을 품고 살기에 지금보다 더 나은 미래로 발전시키고 나아갈 수 있습니다.

얼마 전 TV를 보는데 스타강사 김미경은 이런 말을 했습니다. "꿈의 가장 큰 문제는요~ 내가 나를 기다리지 못하는 거예요" 난 이 말을 잊을 수 없었습니다.

당신은 희망 없는 삶을 상상해본 적 있습니까? 희망이라는 것은 일시적인 현상이 아니라 우리가 살면서 평생 옆에 둬야 할 존재입니다. 이런 의미에서 꿈은 일시적인 성취(목적한 바를 이루다)가 아닌, 희망처럼 늘 옆에 두고 잃지 말아야 할 존재입니다.

이렇듯 사람은 꿈을 이루지 못해도 살 수 있지만 희망 없이는 살 수 없습니다. 또한 모두가 꿈을 이루기 위해 노력하지만 모두 다 꿈을 이룰 수는 없습니다. 다만 당신이 꿈을 잃지 않고 자신과의 싸움에서 의지를 불태워 하루하루 승리하는 삶을 반복한다면 당신의 꿈은 분명 이룰 수 있습니다.

 앞으로 당신은 꿈을 충분히 이룰 수 있기에 꿈을 잃지 않고 살아
야 합니다.

자신의 신념을 믿는다면
세상과 타협하지 마라
〈부제- 제자리는 늘 편하다〉

나는 내가 특별한 존재임을 믿는다.
나의 특별한 재능은 나의 비전과 나의 헌신
그리고 무슨 일이 있어도 실행하는 나의 자발성이다.

앤서니 라빈스 (Anthony Robbins, 1960~)
- 심리학자 -

　세상을 지혜롭게 살아가는 데 있어서 가장 필요한 것 중 하나는
타협(어떤 일을 서로 양보하여 협의함)입니다. 타협은 세상과 나
를 조화롭게 해주고 인간관계 속에서 중심을 지켜줍니다. 더 큰
의미에서 타협은 전쟁을 막을 수 있고 평화를 이끌어 줍니다. 우
리는 타협을 통해 고정관념에서 벗어날 수 있고 소통을 통해 문제

를 해결할 수 있습니다.

하지만 이렇게 좋은 타협을 나는 당신에게 하지 말라고 말하겠습니다. 당신은 타협보다 자신의 신념을 굳건히 지킬 수 있는 강한 의지를 먼저 키워야 하기 때문입니다. 타협에 관한 나의 학창시절 이야기가 하나 있습니다.

학창시절 난 타협이 없었습니다. 아주 무식하고 맹목적인 삶을 살았습니다. 그땐 댄스팀을 활동하며 주로 댄스대회와 공연을 다녔으며 무대에서 춤을 추면서 관객에게 호응과 주목을 받았습니다. 그렇게 지속적인 공연 활동으로 팀이 인기를 얻었고 꽤 많은 팬이 팀을 응원했습니다. 팀을 사랑해주는 팬이 있어 너무 행복했지만 나는 인기에 연연하지 않고 춤을 더 잘 추고 싶었습니다.

당시에는 연습 외 아무것도 눈과 귀에 들어오지 않았고 오로지 춤만 췄습니다. 인기가 생기고 시간이 지날수록 팀 멤버들은 점점 연습을 게을리했습니다. 비슷했던 춤 실력은 나와 멤버들과 조금씩 차이를 보이기 시작했습니다. 그렇게 고등학교 학창시절이 끝날 때쯤 팀 멤버들은 더 이상 춤을 추지 않았고 결국 팀은 활동을 이어가지 못하고 해체됐습니다.

그 시절 내가 인기와 타협해 춤을 열심히 추지 않고 자유로운 삶을 살았다면 지금쯤 나는 다른 직업을 갖고 살았을 것입니다. 한국의 승려이자 수필 작가인 법정 스님은 이런 말을 했습니다. "세상과 타협하는 일보다 더 경계해야 할 일은 자기 자신과 타협하는 일이다. 스스로 자신의 매서운 스승 노릇을 해야 한다" 법정 스님의 말처럼 그 시절 난 세상과 타협을 하지 않았기에 지금 모습의 내가 존재할 수 있었습니다.

오디션에 합격해 데뷔를 준비하는 기획사 연습생 역시 마찬가지입니다. 그들은 회사 시스템 안에서 연습하고 치열한 경쟁 속에서 오로지 데뷔만을 목표로 밤잠 설쳐가며 긴장 속에서 연습하고 있습니다.

이렇게 보이지 않는 누군가와 경쟁해서 당신은 살아남아야 합니다. 자신에게 주어진 시간은 제한되어있기 때문에 사람은 늘 선택의 갈림길에 서 있습니다.

연습이라는 고독한 자신과 싸워야 할지… 아니면 세상을 좀 더 즐겁고 편하게 살아가는 방법을 찾아야 할지….

하나의 시간 안에 두 가지 마음을 모두 담을 순 없습니다. 당신은 꿈을 위해 달려야 하는 가수 지망생입니다. 그리고 마치 광산에 묻혀있는 원석과도 같습니다. 광부는 원석(당신)을 발견하고 세공사의 기술로 다이아몬드가 되기 전까지 세상과 타협해선 안 됩니다. 오로지 강한 신념만이 당신을 다이아몬드로 만들어 줄 수 있습니다. 타협은 의지가 약한 사람에게 세상이 준 선물입니다. 하지만 선물의 포장을 뜯는 순간 나 자신은 사라집니다.

선택과 집중을 해야 하는 지금, 신념이 확신이 되고 확신이 확인될 때까지 당신은 세상과 타협해선 안 됩니다.

롤모델을 찾아서 그를 따라 해라
〈부제- 나와 월드 스타 비 이야기〉

〈 '비' 어록 〉

1. 끝없이 노력하고, 끝없이 인내하고, 끝없이 겸손하자.
2. 지금 자면 꿈꿀 수 있지만 지금 안자면 꿈을 이룰 수 있다.
3. 불안하면 연습하라.
4. 120%를 준비해야지 무대에서 100%를 발휘할 수 있다.
5. 준비가 되어있지 않으면 시작도 하지 않는다.
6. 모든 최선을 다합니다. 그래서 전 "떳떳해요"
7. 잘못하더라도 최선을 다해보고 못 하자
8. 일하는 것이 즐겁습니다.

〈롤모델〉 [명사] 자기가 마땅히 해야 할 직책이나 임무 따위의 본보기가 되는 대상이나 모범.

당신은 롤모델이 있습니까? 롤모델이 있다면 그는 누구입니까. 누구나 살면서 동경하고 닮고 싶은 롤모델이 한 명쯤 있을 것입니다.

나는 과거에 월드 스타 '비'를 롤모델 삼아 내 삶에 많은 도전과 영향을 받았습니다. 직접 만나본 적은 없지만 '비'에 관한 특별한 에피소드를 통해 당신에게 롤모델의 중요성을 알려주겠습니다.

내가 29살 광주에서 댄스학원을 운영할 때 이야기입니다. 학원을 개원한 지 약 1년쯤 됐었습니다. 주 7일 중 하루도 못 쉬면서 댄스 수업과 학원 운영에 바쁜 스케줄을 지내다 보니 체력과 정신이 많이 지쳐 있었습니다. 그렇게 1년이 지났을 때 학원은 조금씩 자리를 잡아갔고 안도의 한숨과 마음의 여유가 생기면서 스트레스를 풀고자 취미 활동을 찾고 있었습니다.

그 당시 내 외모는 많이 마르고 왜소한 체격이었습니다. 그래서 나는 늘 몸짱이 되고 싶은 로망이 있었습니다. 취미로 헬스장을 다니며 운동하고 싶었지만 시간이 녹록지 않았습니다. 매일 아침 일찍 학원에 나와 상담과 수업을 준비해야 했기에 자는 시간 빼고는 학원에 머물러야 했습니다.

학원에는 2개의 댄스홀이 있었고 요가 매트와 아령이 있었습니다. 학원을 장시간 비울 순 없지만 댄스홀에서 운동은 할 수 있었기에 혼자서 운동할 방법을 곰곰이 생각해 봤습니다.

운동은 생전 처음이라 방법을 몰랐기 때문에 내게는 운동을 가르쳐 줄 코치가 필요했습니다. 그러다 문득 TV에서 월드 스타 '비'가 할리우드 영화 속 액션배우가 되기 위해 멋진 몸을 만든 장면을 본 기억이 머릿속을 스쳐 지나갔습니다. 곧바로 난 인터넷을 검색했고 내가 본 영상은 〈MBC 스페셜〉 '비'가 오다!였습니다.

'비'가 날 응원해주다

영상은 약 1시간 분량의 다큐멘터리였고, 가수 '비'의 성공신화와 할리우드 진출 과정이 담긴 영상이었습니다. 영상을 보며 나도 '비'처럼 멋진 몸과 정신력을 갖고 싶다고 다짐했고 이후 매일 노트북으로 다큐멘터리를 시청하며 무작정 운동을 시작했습니다.

처음에는 운동을 어떻게 해야 할지 몰랐습니다. 그래서 '비' 다큐멘터리가 재생되는 1시간 동안 쉬지 않고 팔굽혀펴기와 윗몸일으키기를 반복했습니다. 하루가 일주일이 되고 일주일은 한 달이 지났으며 나는 쉬지 않고 운동을 이어갔습니다. 근육통을 이겨내며 많이 힘들었지만 몸은 조금씩 적응하기 시작했습니다. '비' 다큐멘터리는 매일 내 눈과 귀가 됐고 약 2달 정도 지났을 때는 '비'가 늘 내 옆에서 응원하며 에너지를 주는 것처럼 느껴졌습니다. 그렇게 2달간 매일 맨몸 운동으로 기초체력을 다졌고 2달 후부터는 아령을 들고 운동을 했습니다.

혼자 운동하는 저만의 방법은 '몸이 아플 때까지' 운동하는 것이었습니다.

한 가지 동작을 아플 때까지 반복한 후 다른 동작을 바꿔가며 2~3개 동작을 1시간 동안 반복하는 다소 무식한 운동법이었습니다. 효율적인 운동법은 아니었지만 내 머릿속은 '일단 안 하는 것보다 하는 게 낫겠지…'라고 단순하게 생각했습니다.

내가 운동을 시작한 후 친구들에게 이런 사실을 말했더니 몇 년 간 운동을 꾸준히 한 친구는 나의 운동법이 좋지 않다며 조언해 줬습니다. 하지만 나는 상황 안에서 최선을 다했을 뿐 친구의 조언이 특별히 공감 가지 않았습니다.

가끔 무리한 운동으로 다칠 때도 있었지만 '이 또한 과정'이라고 생각했습니다. 나는 전문 헬스 트레이너처럼 몸을 만드는 것이 목적은 아니었기 때문에 '비' 다큐멘터리를 운동 코치 삼아 무대포 정신으로 운동했습니다.

6개월 후부터 매일 2시간씩 운동했고 '비' 다큐멘터리 와 콘서트 영상을 보며 '비'를 롤모델 삼아 운동했습니다. 1년 동안 꾸준히 운동한 결과 내가 원하는 몸으로 점점 바뀌고 있었습니다. 마른 체격이지만 다행히 지방이 많은 몸은 아니어서 왜소했던 내 몸은 잔근육이 붙기 시작했고 좁았던 어깨도 제법 넓어졌습니다. 그렇게 몇 년 동안 많은 부상과 시행착오를 겪어가며 웨이트 트레이닝과 다이어트를 병행했고 '비'처럼 멋진 몸은 아니지만 나만의 운동법으로 나는 원하는 몸을 만들었습니다.

혼자서 운동할 수 있게 코치 역할을 해주었던 '비' 다큐멘터리를 나는 약 3년 동안 900회 이상 시청했습니다. 몇 년이 흐른 지금도 나는 몸을 잘 유지하고 있습니다.

시나리오 작가 조지프 마셜 웨이드(Joseph Marshall Wade)는 이런 말을 했습니다. "방랑자가 되고 싶으면 나는 주변에서 최고로 성공한 방랑자에게 정보와 조언을 구할 것이다. 성공하고 싶다면 주변을 둘러보고 성공적인 삶을 사는 사람들을 찾아가 그들이 해 온 대로 하면 된다."

내 노력은 오랫동안 춤을 췄던 경험이 있어 '몸은 거짓말하지 않는다.'라는 진리를 알았기에 가능했습니다. 나는 강의를 할 때 학생들에게 동기부여를 주기 위해 '비' 다큐멘터리를 보여줍니다. 오디션을 앞둔 당신에게 내가 느꼈던 소중한 경험을 책으로나마 전달하고 싶은 마음에 '비' 다큐멘터리는 내게 소중한 가르침을 줬습니다.

당신이 살면서 아무리 열악하고 힘든 일에 닥칠지라도 절대 상황이나 남을 탓해선 안 됩니다. 내 주변 모든 일은 '나'로부터 시작됐기 때문입니다. 당신이 성공하면 힘들었던 과거는 좋은 추억으로 웃어넘길 수 있습니다. 힘들면 힘들수록 위기는 큰 기회로 찾아올 것입니다. 지금부터 당신이 되고픈 롤모델을 찾아 그를 따라 해 보세요. 당신은 그 이상이 될 수 있습니다.

04

2020년 현재! 대한민국
오디션 사회현상

도대체 오디션은 무엇인가…
그리고 왜! 의미를 알아야 할까?
〈부제 – 오디션 열풍은 이미 예견돼 있었다〉

"멈춰 서 두려움에 떨게 만드는 모든 경험을 통해 강인함, 용기, 자신감을 얻는다. '이런 공포를 이겨냈으니 다음에 오는 것도 문제없어'라고 스스로 되새길 수 있다. 따라서 할 수 없다고 생각되는 일을 하라."

엘리노어 루스벨트(Eleanor Roosevelt, 1884-1962)
– 사회운동가 겸 미국 32대 대통령 영부인 –

지금 대한민국 청소년과 젊은이들은 숨 막히는 주입식 교육의 입시경쟁, 그로 인해 형성된 각박한 사회 현실과 취업난에서 살아남아야 합니다. 인간으로서 도덕적 행위를 지키며 행복한 삶을 누리기 위해 만들어진 국가는 국민에게 점점 신뢰를 잃어가고 있습니다.

국민의 안전과 가치를 보호받기 위해 만들어진 법 또한 제 역할로서 기능을 상실하고 있으며 이런 법치국가 시스템을 관리하는 기득권층은 야욕에 눈이 멀어 이권 다툼만 벌이고 있습니다. 이렇게 옳고 그름의 경계가 무너지는 사회 속에 우리 청소년과 젊은이들은 힘겹게 살고 있는 것입니다.

10대, 20대들은 불투명한 미래에 대한 압박과 개인의 과중한 스트레스를 풀고 싶은 욕구, 그리고 이를 충족시키기 위해 만들어진 각종 오락문화 (Ex, 게임, 이성 관계, 음주문화, 클럽, 각종 유흥 등)의 소용돌이 속에 덩그러니 방치되고 있습니다.

너무도 당연한 이야기를 왜 이렇게 장황하게 하는지 당신은 궁금할 것입니다. 나는 이 책을 통해 10년 넘게 가수 트레이닝과 신인 발굴을 하면서 겪었던 삶과 지식을 통해 오디션의 정확한 이해와 거짓 없는 정보를 당신에게 알려주겠습니다.

또한 대한민국 대중과 각종 방송언론 매체들이 왜! 오디션 열풍에 동참하는지 그 본질과 의미를 스스로 찾고 오디션 분야의 긍정적 효과와 앞으로 나아가야 할 미래의 방향성을 제시할 것입니다.

대부분 사람들은 오디션이 무엇인지 잘 알고 있지만 정확히 그 의미와 뜻은 잘 모를 것입니다. 나 역시 본격적으로 가수 신인개발팀에 들어오기 전엔 막연한 생각으로 '오디션은 사람 뽑는 일'이라 여겼습니다. 그러나 수천 명의 오디션을 보고 신인개발 업무를 담당하다 보니 오디션이란 내가 생각하는 것만큼 단순한 것이 아니라는 것을 깨달았습니다.

당신은 오디션의 정확한 의미를 알고 있습니까?

당신은 오디션의 정확한 의미를 알고 있습니까? 나도 수년간 오디션 심사를 보고 있지만 오디션의 정확한 뜻조차 몰랐습니다. 그래서 얼만 전 오디션의 정확한 의미를 인터넷에 검색해 찾아 봤습니다.

1. 오디션 〈드라마 사전〉

영화나 TV 드라마, 연극에서 주인공이나 등장인물들을 공개적으로 선발하는 것을 말한다. 오디션은 주로 새롭고 참신한 인물을 발굴하기 위한 목적을 갖는다. 배우의 외모뿐만 아니라 연기, 발성법, 감정 표현 등 철저한 심사를 통해 이루어진다.

출처. [네이버 지식백과] 오디션 [audition] (용어해설)

2. 오디션 〈영화 사전〉

영화, 방송 등에서 배우? 모델 부문의 신인을 발굴하기 위해서 심사를 하는 것. 카메라 테스트나 시연(試演) 및 시창(試唱)이 곁들여지는 게 대부분이다. 일반적으로 많은 응모자 가운데에서 적격자를 선발한다.

출처. [네이버 지식백과] 오디션 [audition] (용어해설)

3. 오디션 〈파퓰러음악 용어 사전 & 클래식 음악 용어 사전〉

레코드 데뷔나 공연 단원 모집 등 어떠한 프로젝트를 위해 아티스트를 모으거나 선발하는 행위.

출처. [네이버 지식백과] 오디션 [audition] (용어해설)

이렇게 인터넷 검색을 통해 오디션 정의에 사전적 의미를 알아봤습니다. 그럼 내가 생각하는 오디션의 정의를 이야기해 보겠습니다.

저자가 생각하는 오디션의 의미란?

"하나의 목표를 가지고 예술의 완성된 결과물을 만들기 위해 꼭 필요한 인재를 뽑는 전체적인 과정"

– 박 민 –

당신은 어떤 차이가 느껴지나요? 나는 '과정'이라는 단어와 '꼭 필요한'이라는 단어를 추가했을 뿐입니다. 얼핏 보기엔 큰 차이가 없어 보이지만 이 두 단어가 추가되면서 오디션의 의미는 매우 큰 차이가 생겼습니다.

왜냐면 오디션에서 당신은 꼭 필요한 존재이며 당신이 없다면 과정 자체가 성립될 수 없기 때문입니다. 독일의 시인이자 자연 연구가인 요한 볼프강 폰 괴테(Johann Wolfgang von Goethe, 1749-1832)는 이렇게 말했습니다. "인간을 현재의 모습으로 판단한다면 그는 더 나빠질 것이다. 하지만 그를 미래의 가능한 모습으로 바라보라. 그러면 그는 정말로 그런 사람이 될 것이다" 그렇습니다. 오디션이란 그 사람의 현재를 보고 선택하는 것이 아니라 그 사람의 미래의 가능성을 보고 선택하는 것입니다.

왜 많은 이들이 오디션에 미쳐있는가?

한 해에 오디션을 보는 10대, 20대의 숫자는 얼마나 될까요? 한 유명 오디션 프로그램에 지원한 숫자를 보면 한 프로그램에 200만 명이 넘는 이들이 지원을 했다고 합니다. 한해 수능을 보는 수험생이 60만 명이니 이에 시험 보는 이들보다 오디션을 보는 이들이 훨씬 많은 대한민국이 된 것입니다.

이렇게 정신없이 얽히고 섞인 복잡한 사회구조 속에서 젊은 세대는 미래에 대한 불안한 마음을 해소해줄 돌파구를 찾고 싶을 것입니다. 그 중심엔 급속도로 성장하는 TV 매스컴과 인터넷이 자리 잡고 있습니다.

이런 젊은 세대는 시간이 흐를수록 정적이고 가치에 의미를 찾기보다 활동적이고 자극적이며 직접 효과를 누릴 수 있는 놀이문화 혹은 취미활동을 찾고 있습니다. 현시대를 반영하듯 앞으로는 자극적인 오락문화와 선정적인 프로그램들이 큰 인기를 차지할 것입니다.

12세기 프랑스에서 시작된 엔터테인먼트(Entertainment, 특정한 틀로 붙들어두다)라는 단어는 현재 오락이라는 의미로 변형되어 젊은 세대가 가장 관심 있어 하고 밀접한 관계를 형성하는 분야입니다.

엔터테인먼트가 만들어내는 화려한 연예인(수익모델)은 젊은이들에 동경의 대상이자 롤모델인 동시에 누군가의 장래희망이 되어버렸습니다. 연예인이 되기 위한 과정의 첫 관문인 오디션(오디션 프로그램)은 시대와 맞물려 대한민국 매스컴의 중심으로 자리 잡을 수밖에 없었던 것입니다. 더 나아가 오디션 열풍은 이제 단순 사회현상으로 치부될 것이 아니며 우리 모두 사회적 책임을 갖고 지켜보며 발전시켜 나가야 합니다.

오디션의 종류와 주의사항
〈부제- 조심하고 신중하게〉

신뢰할만한 평가만 받아들여라.
타인의 평가가 중요한 경우도 있고 전혀 그렇지 않은 경우도 있다.
가장 가치 있는 것은 오로지 지혜로운 평가이다.
평가하는 사람 자체가 이미 편견과 고정관념에 사로잡혀있다면
우리는 타인의 평가를 신뢰할 필요는 없다.

에픽테토스(Epictetos, Epictetus, 55-135)
- 고대 철학자 -

조금 전 인터넷 검색란에 '오디션'을 검색해 봤습니다. 인터넷 검색만 해도 오디션 관련 정보가 끝도 없이 쏟아지고 있습니다. 불과 5~6년 전과 지금을 비교해 보면 오디션 시장도 급속도로 변하고 있음을 알 수 있습니다. 이름만 대면 누구나 아는 대형 기획사가 있지만 스타트업 준비 중인 신생 기획사를 포함해 하루에도

수많은 연예 기획사가 설립과 폐업을 반복하고 있는 것이 업계 현실입니다.

2019년 '대중문화예술기획업' 등록 현황 조사에 따르면 현재 대한민국에는 약 2,800개가 넘는 엔터테인먼트 및 크고 작은 연예 기획 관련회사가 있습니다. 그중에서 당신이 알고 있는 엔터테인먼트 숫자는 몇 개나 될까요? 아마 채 30개도 안될 것입니다. 이에 버금가듯 서류상 등록만 돼 있고 정확한 실체는 없는 유령회사 혹은 얼마 지나지 않아 폐업한 회사들도 넘쳐나고 있는 것이 현실입니다.

엔터테인먼트와 기획사의 차이는?

엔터테인먼트와 기획사의 차이는 무엇일까요?

엔터테인먼트는 설립 목적과 비즈니스 목표에 따라 수익모델이 나눠집니다. 예를 들어, '실력파 아이돌 보이그룹 데뷔를 위해 신인을 찾는다.' 'K-POP 열풍을 무기로 해외 시장 진출을 걸그룹 멤버를 찾는다.' '실력과 미모를 겸비한 트로트 가수를 만든다.'

이렇게 엔터테인먼트는 다양한 신인을 찾으면서 수익모델을 만들기 위해 노력하고 있습니다.

오디션을 통해 가수 데뷔를 꿈꾸는 가수 지망생도 많지만, 엔터테인먼트 시장에서 수익창출을 목적으로 적잖은 돈과 시간을 투자해 수익모델을 만드는 기획사 또한 많습니다.

결국 작은 의미에서는 기획사, 큰 의미로써 엔터테인먼트라고 할 수 있습니다. 서로의 니즈를 충족시키기 위해 오디션 지망생의 수요와 공급이 중요한 이 시점에서 오디션 정보는 굉장히 중요합니다. 정확한 실체를 알 수 없는 수많은 오디션 정보 사이에서 당신은 오디션 준비를 어떻게 해야 할까요? 지금부터 수천 명의 가수 지망생을 통해 경험한 오디션의 종류와 주의사항에 대해 알려주겠습니다.

1. 실용음악, 댄스 아카데미 주최 오디션

요즘 가장 많이 오디션을 진행하는 방법 중 하나입니다. 예전에는 재능 있는 신인 발굴을 위해 정기적으로 기획사가 직접 오디션을 주최했습니다.

오디션 특성은 회사마다 조금씩 다르지만 (캐스팅->트레이닝-> 데뷔)라는 큰 맥락은 다르지 않습니다. 하지만 급격하게 변하는 대한민국 음반 시장과 TV 오디션 프로그램을 통해 수많은 보컬, 댄스 아카데미가 우후죽순 생겨나고 있습니다. 이에 따라 실용예술 관련 아카데미가 직접 기획사와 협약해 아카데미 수강생에게 기획사 오디션을 제공하고 있습니다. 예를 들어, '오디션 전문 아카데미'로 기획사 신인개발팀이 직접 가서 재능 있는 가수 지망생을 바로 선발합니다. 이런 시스템은 아카데미와 기획사 모두에게 효율이 좋아 점점 더 확장되고 있습니다.

아카데미 오디션을 통한 장점

1) 기획사는 좀 더 다양하고 많은 연습생을 캐스팅할 수 있다.
2) 아카데미는 오디션 기회를 제공함으로 수강생에게 홍보할 수 있다.
3) 수강생은 아카데미를 통해 교육과 오디션 기회를 접할 수 있다.

아카데미 오디션 단점

1) 실력 향상을 위해 아카데미를 다니는 것이 아니라 오디션을 보기 위해서 아카데미를 다닌다.
2) 순수 교육목적이 아닌 쉽고 편한 방법으로 오디션에 참가하는 아카데미 수강생이 늘어났다.
3) 다양한 오디션 기회가 많다 보니 지망생은 간절함이 무뎌져 연습을 게을리하는 사례가 발생했다.

이렇게 아카데미를 통해 기획사 오디션에 합격해 가수로 데뷔하는 사례도 있지만 반대로 이러한 기회 때문에 가수의 꿈을 쉽게 포기하는 사례도 많습니다. 나는 당신이 아카데미에 다니는 것이 오디션이라는 목적보다 실력 향상을 위해 아카데미를 다니라고 말하겠습니다.

2. 각종 경연 대회 입상을 통한 오디션 기회

관공서, 방송사, 대형 쇼핑몰, 이벤트 회사는 매년 청소년 관련 페스티벌 및 이벤트 행사를 개최하고 있습니다. 이런 행사는 중, 대형 기획사와 연계하여 노래 및 댄스 경연 대회를 주최하고 있으며 참가자들이 무대에서 직접 끼와 재능을 펼칠 수 있는 자리를 마련하고 있습니다.

관객은 즐거운 볼거리가 생기고 참가자는 그동안 준비했던 끼와 재능을 무대에서 펼칠 수 있으며 입상과 동시에 실력을 평가받을 수 있는 자리므로 여러모로 좋은 의미가 있습니다. 또한 대중에게 자연스럽게 노출되다 보니 무대에서 돋보이는 참가자는 길거리 캐스팅 혹은 입상자에게 주어지는 특별한 오디션 기회를 접할 수 있습니다.

장점
1) 무대 경험을 다양하게 쌓을 수 있다
2) 캐스팅의 기회를 얻을 수 있다
단점
1) 주변 상황 변화에 많은 작용을 받을 수 있다
2) 연예인이 되기 전에 연예인 병에 걸릴 수 있다

3. 길거리 캐스팅

당신은 길을 지나가다 이상형의 외모를 지닌 이성을 보았을 때 어떻습니까. 아마 자연스럽게 눈이 따라갈 것입니다. 마찬가지로 캐스팅 디렉터는 길거리에서 눈에 띄거나 혹은 연예인이 될법한 외모의 소유자를 놓치지 않을 것입니다. 그만큼 연예인의 이미지는 대중에게 순간적인 임팩트를 주기에 아주 중요한 요소입니다.

대한민국에 엔터테인먼트 산업이 시작될 때부터 길거리 캐스팅은 시작됐을 것입니다. 다수의 많은 사람들 가운데 눈에 띄는 사람이라면 그만큼 이유가 있습니다. 또한 가장 직설적이며 확실한 방법 중 하나입니다. 길거리 캐스팅 이후 테스트를 거쳐 연습생이 되는 사례도 많습니다. 하지만 예나 지금이나 어딜 가도 사기꾼은 존재하기에 당신은 더욱더 조심하고 신중해야 할 것입니다. 길을 지나가다가 우연히 엔터테인먼트 관계자 명함을 받았다면 독단적으로 성급하게 모든 결정을 하지 말고 꼭 가족과 주변 지인을 통해 충분한 조언을 구해야 합니다.

4. SNS를 활용한 오디션 기회

SNS를 활용한 오디션 기회는 요즘 시대를 반영하듯 쉽고 빠르며 직접적인 피드백을 통해 오디션 기회를 접할 수 있습니다. 인터넷과 스마트폰이 발달하고 누구나 한 개쯤 있는 개인 SNS, 애플

리케이션을 통해 실시간으로 내 정보와 이미지를 드러냅니다.

우리가 흔히 말하는 SNS 스타는 한 번쯤 기획사에서 DM 메시지나 이메일을 통해 오디션이나 캐스팅 제안을 받아 본 적이 있을 것입니다. 자신의 꿈이 연예인은 아니지만, 개인 SNS에 공개된 예쁘고 멋진 이미지 사진을 통해 기획사에 캐스팅될 수 있고 댄스, 노래 영상이 특정 SNS에 노출되면서 우연히 기획사 관계자 눈에 띄어 캐스팅 제안을 받을 수도 있습니다.

하지만 이런 과정과 방법은 중간에 연결자가 없습니다. 반대로 말하면 진짜 정보인지 거짓 정보인지 확인이 어렵다는 것입니다. 또한 SNS 특성을 악용한 사기 혹은 성 관련 피해사례는 오래전부터 사회적 문제를 일으키고 있습니다. 캐스팅됐다고 마냥 좋아하기보다 정확한 정보를 알기 전에는 주변의 도움을 통해 신중하게 접근해야 합니다.

5. 지인 소개, 연예계 관계자 추천을 통한 비공개 오디션

이번에 설명할 방법은 개인적인 생각에 가장 효과적으로 오디션에 합격할 확률이 높다 생각합니다. 예를 들어, 만약 당신이 가수나 연예인의 꿈을 이루기 위해 열심히 연습하고 꾸준한 자기관리를 통해 좋은 이미지를 만들었다고 가정해 보겠습니다. 시간이 흐르면서 실력은 점점 쌓이고 주변에서는 당신의 좋은 소문이 들릴 것입니다.

그런 당신을 주변에서는 지켜만 보지 않고 좋은 오디션 정보 혹은 연예계 관계자를 알고 있다면 분명 소개해주고 싶을 것입니다. 주변에서 당신에 대한 신뢰가 높고 그 신뢰가 쌓여 연예계 관계자에게 소개받는다면 다른 오디션 참가자보다 합격할 확률이 높을 것입니다. 아직도 하루아침에 당신을 신데렐라로 만들어줄 왕자님 같은 기획사를 꿈꾸고 있지는 않습니까? 안타깝지만 세상에 그런 기획사는 없습니다. 연예 엔터테인먼트 산업은 단순히 당신의 꿈만 이루기엔 그리 만만한 세계가 아닙니다. '문화, 예술, 한류, K-POP'이라는 엔터테인먼트 비즈니스 시장 안에 당신은 단지 기획사의 수익 모델일 뿐입니다.

너무 냉정하다고 생각하지 말고 현실을 직시하십시오. 기획사는 당신의 꿈을 통해 수익을 창출하고 서로 합리적인 이익을 얻기 위해 철저하게 계산적일 수밖에 없습니다. 엔터테인먼트 회사 구조를 빠르게 이해하고 당신과 기획사가 서로 win-win(모두에게 유리한) 할 수 있는 방법을 생각해야 합니다. 나는 어디선가 이런 말을 들어봤습니다. "성실이 유리조각이라면 신중함은 다이아몬드다" 당신의 성실함이 기본 바탕이 되어 신중함이 더해진다면 좋은 결과는 당연히 따라온다는 말입니다. 오디션 지망생인 당신도 스스로의 꾸준한 자기계발과 기획사와 신뢰를 바탕으로 하나의 목적 달성을 위한 끊임없이 노력해야 합니다.

왜! 나는 오디션에 매번 떨어질까?
〈부제- 떨어지는 것은 당연하다〉

여러분이 할 수 있는 가장 큰 모험은
바로 여러분이 꿈꿔오던 삶을 사는 것입니다.

오프라 윈프리 (Oprah Gail Winfrey, 1954-)
- 미국의 여성 방송인 -

　　당신은 나비효과라는 말을 들어봤습니까? 그 뜻은 나비의 작은
날갯짓이 날씨의 큰 영향을 미치듯이, 미세한 변화나 작은 사건이
추후 예상하지 못한 엄청난 결과로 이어진다는 의미입니다. 당신
은 오디션에 몇 번이나 떨어졌습니까? 다소 절망적이고 기분이 언

짧을 수 있는 질문에 당신의 심정은 어떤가요. 미리 말하면 이 책은 오디션에 합격한 지망생에겐 무용지물입니다.

지금 책을 읽고 있다면 당신은 오디션 합격에 목말라 있을 것입니다. 나는 지금부터 얼굴조차 본 적 없는 당신의 오디션 가이드가 될 것을 약속하겠습니다. 때론 진실된 비판과 강한 자극을 줄 것이고 또한 희망찬 응원과 격려의 박수를 아끼지 않을 것입니다.

작은 나비의 날갯짓이 큰 폭풍에 영향을 끼치는 나비효과처럼 당신의 작은 변화에 시작을 알리고 큰 깨달음을 얻어서 당신이 원하는 오디션에 합격할 수 있도록 돕겠습니다.

당신은 왜 오디션에 떨어질까?

당신은 왜 오디션에 떨어질까요? 그것은 당연하기 때문입니다. 오디션 목적의 끝은 당신의 합격이지만 아직 당신보다 뛰어난 극소수의 경쟁상대를 뽑기 위한 이벤트일 뿐입니다.

예를 들어 보겠습니다. 우리가 공부를 열심히 한다고 해서 대한민국 최고의 명문 대학 교인 서울대학교에 모두 갈 수 있는 것은 아닙니다. 반대로 열심히 공부해서 서울대학교에 합격한 극소수의 학생이 대단한 것이지 서울대학교를 떨어지는 다수의 학생은 어쩌면 당연한 결과인 것입니다. 오디션도 마찬가지로 합격하는 지망생은 이유가 있습니다. 반대로 떨어졌다면 너무도 당연한 결과인 것입니다. 원하는 것(합격)을 성취한다는 것은 모두가 할 수 있는 보통의 의지와 노력으로는 불가능합니다.

미국 민주주의의 대의를 밝힌 독립선언서의 작성자 토머스 제퍼슨(Thomas Jefferson, 1743-1826)은 이렇게 말했습니다. "아무 하는 일 없이 시간을 허비하지 않겠다고 맹세하라. 우리가 항상 뭔가를 한다면 놀라우리만치 많은 일을 해낼 수 있다" 그렇습니다, 당신이 제자리에 있지 않고 뭐라도 찾기 위해 움직인다면 답을 얻기 위한 힌트부터 찾을 수 있을 것입니다.

내게는 절망할 시간도 사치였다

인생을 살면서 나 역시 무수히 많은 실패를 겪었습니다. 내가 원하는 것을 세상은 쉽게 준 적이 없었습니다. 여러 실패를 겪고 난 후 원인은 결국 나 자신에게 있다는 것을 깨닫게 됐고 실패를 두려워하지 않고 받아들이기로 했습니다.

내게는 절망할 시간도 사치였습니다. 빨리 원인을 분석하고 앞으로 나가야 할 방법을 찾아야만 원하는 것을 성취할 수 있기 때문입니다. 넘어지면 자동으로 일어나는 오뚝이처럼 7전 8기 정신으로 나는 계속해서 도전하는 삶을 살았습니다. 다행히 지금까지 삶의 결과는 만족스럽지만 나 또한 아직 끝이 아닌 현재 진행형이기 때문에 당신과 함께 꿈을 향해 나아가고 있습니다.

지금 당신은 실행에 앞서 발상의 전환이 필요합니다. 앞으로 주변의 상황은 내가 원하는 만큼 따라주지 않을 것이기 때문입니다. 끊임없는 노력과 인내의 시간을 견뎌냈을 때 겨우 조금씩 나아갈 수 있습니다. 당신이 오디션의 희망고문 속에서 버텨낼 힘은 내 몸과 마음을 어제의 나보다 강하게 키우는 방법밖에 없습니다.

당신은 '오디션에 언젠가는 붙겠지…'라는 맹목적인 바램과 연예인의 화려한 삶의 환상을 버려야 합니다. 내 실력과 현실을 직시하고 어떻게 나아가야 할지 깊은 고민을 해볼 필요가 있습니다. 목표(오디션 합격)가 설정됐다면 전략적으로 계획을 세우고 수단과 방법을 가리지 않고 꿈을 이룰 때까지 계속해서 도전해야 합니다.

내 꿈은 아카데미에(학교) 있는 것이 아니다
〈부제- 헬스장을 다닌다고 몸이 좋아지는 것은 아니다〉

빈 깡통이 시끄러운 소리를 낸다.

– 아프리카 속담 –

대한민국 문화콘텐츠인 한류와 K-POP이 전 세계적으로 인기
를 끌기 시작한 지 어느덧 10년 이상 흘렀습니다. 그 여파에 힘을
싣고 2009년 어느 케이블 TV 방송에서 대한민국 국민을 대상으
로 슈퍼스타K라는 오디션 프로그램을 제작했습니다. 이때부터 대

중의 관심은 오디션에 집중됐습니다. 매스컴은 국민의 니즈를 충족시키기 앞다퉈 경쟁하며 오디션 프로그램을 제작하기 시작했고 '아이돌, 밴드, 배우, 모델, 요리'등 분야를 막론하고 오디션 열풍이 불기 시작했습니다.

오디션 열풍에 따른 사회현상은 약 7~8년 동안 여러 유행을 만들어냈고 새로운 블루오션 시장을 개척했습니다. 이렇게 10여 년이 흘렀지만 오디션 열풍이 식지 않는 걸 보니 우리 사회는 아직 오디션에 대해 기대와 환상이 남아있는 듯합니다. 한편 또 다른 시각에서는 오디션 열풍에 따른 부정적인 시각과 사회적 책임을 외치고 있으며 이에 따른 부작용과 우려의 목소리도 커지고 있습니다.

2020년 오디션 열풍의 현시점을 잠시 돌아봤습니다. 오디션 열풍이 가져온 사회현상 중 가장 큰 변화를 차지했던 분야 중 하나는 바로 '교육사업'입니다. 나의 학창시절 부모님은 인문계열(국어, 영어, 수학 등) 학문 위주의 입시교육에 자식의 진로를 정하고 그에 맞는 입시학원이나 과목별 개인과외를 시키곤 했습니다. 나역시 중학교 때까지 부모님의 열성으로 입시학원에 다녔으며 성적에 따라 개인과외를 받았던 기억이 있습니다.

나의 학업성적은 나쁘지 않았지만 내가 간절히 하고 싶은 것은 춤을 추는 것이었고 적성에 맞지 않는 공부를 억지로 했기 때문에 능률은 오르지 않았습니다.

대한민국은 딴따라 천국

요즘은 스포츠 스타나 연예인이 많은 인기를 누리고 부를 쌓지만 불과 5~10년 전에는 사회에서 환영받는 직업이 아니었습니다. 과거에는 공부 못 한 무식한 사람이 운동이나 하는 것이었고, 놀기 좋아하고 겉멋만 든 사람이 연예인(딴따라)이나 한다는 사회적 인식이 있었습니다.

IT 산업이 급속도로 발전하면서 스마트폰, SNS 커뮤니티가 일상을 지배하게 됐고 인터넷, 유튜브 등 각종 매스컴은 오디션 열풍에 힘을 실어줬으며 학생 10명 중 8명에 장래희망이 연예인일 정도로 불과 몇 년 사이에 세상은 완전히 바뀌었습니다.

자연스럽게 학문 위주의 입시 교육기관보다 예체능 분야의 전문 예술 학교, 학원이 우후죽순 생겨났으며 바뀐 시대의 흐름을 반영하듯 연예인 전문 양성 학원도 등장하기 시작했습니다.

요즘 대부분 가수 지망생은 '아이돌 가수'가 되기 위해 실용음악, 댄스학원에 다니고 있습니다. 또한, 배우 지망생은 연기학원에 다니고 있으며 모델을 꿈꾸는 지망생은 모델 학원에 다니는 것이 일상적인 교육이 됐습니다.

특별한 끼와 재능이 없더라도 수강료만 내면 내가 원하는 예체능 교육을 언제 어디서든 학원, 예술 학교를 통해 전문적으로 배울 수 있습니다. 나도 재능 있는 신인을 발굴하기 위해 여러 보컬,

댄스 학원을 방문했으며 오디션 강연을 통해 학생들과 많은 소통을 하던 중 한 가지 문제점을 발견할 수 있었습니다.

그것은 바로 예술 학교, 학원 출신의 수많은 학생이 자신의 꿈을 학교와 학원에 의존하고 있었습니다. 유능한 선생님에게 노래를 배우고 춤을 배우면 연예인이 될 수 있다는 환상을 가지고 있었으며 학생 대부분은 선생님 가르침에 의존하고 있었습니다.

좋은 선생님의 가르침을 받고 있다고 모두 좋은 제자가 될 순 없습니다. 배움은 당신의 과정 중에 한 부분이지 결과가 아닙니다. 그리고 이것보다 더 큰 문제가 하나 더 있었습니다. 바로 자신도 모르게 학원에서 친구들과 어울리는 재미에 빠져있다는 것이었습니다. 학생들은 같은 꿈을 가지고 학원, 학교를 다니지만 서로 선의의 경쟁을 하기보다 각자의 관심사를 공유하며 우정을 쌓는 시간에 많은 에너지를 쏟고 있었습니다.

이렇게 많은 학생이 간절함만 간직한 채 간절함 이상으로 연습하는 학생은 소수에 불과했고 자신의 꿈을 이루기 위해 노력하는 학생은 많지 않았습니다. 영화 〈스타워즈- 제국의 역습〉에 마스터 요다의 대사에는 이런 말이 있습니다. "해보는 게 아냐. 하거나, 안 하느냐. 해본다는 것은 없어"라고 말입니다.

또한, 내가 좋아하는 운동으로 비유를 하겠습니다. "헬스장을 다닌다고 몸이 좋아지거나 살이 빠지는 것이 아닙니다. 헬스장에서 꾸준히 운동(웨이트, 유산소, 식단 관리)을 해야 살이 빠지는 것입니다." 그런데 헬스장은 1년 동안 끊어놓고 운동하는 시간보다 간식 먹고 스마트폰을 만지는 시간이 더 많다면 과연 살이 빠질까요??

당신도 마찬가지입니다. 아카데미를 다닌다고 해서 실력이 향상되는 것이 아닙니다. 아카데미에서 선생님의 가르침을 받고 꾸준한 연습을 해야 실력이 향상되는 것입니다. 실력 향상을 위해 수업시간 외 나머지 시간을 연습으로 채워도 하루가 모자랄 것입니다. 당신도 아카데미를 다니고 있다면 오늘 하루를 어떻게 채워나가는지 스스로 점검하세요. 당신 꿈은 아카데미에 있지 않습니다.

오디션은 확률이 아니라 확신이다!
〈부제- 얻어걸리는 시대는 끝났다〉

신념이 깊은 확신이 되는 순간,
위대한 일이 일어난다.

무하마드 알리 (Muhammad Ali, 1942-2016)
– 세계 헤비급 복싱 챔피언 –

10년 전 연예인을(가수, 배우) 꿈꾸는 지망생은 기획사 홈페이지 혹은 특정 연예정보 커뮤니티에서 오디션 정보를 얻을 수 있었습니다. 연예인 팬 혹은 연예인 지망생은 평일 주말할 것 없이 정보를 기다리면서 기획사 주변에서 하염없이 기다렸습니다.

그럼 현재는 어떨까요?

2020년, 학생들은 IT 산업과 인터넷과 개인 SNS로 실시간으로 정보를 공유하고 있으며 전문 관계자 못지않게 빨리 전달받고 있습니다. 10년 만에 오디션의 유형과 그 형태가 점점 다양해지고 광범위해지고 있는 것입니다. 나 또한 15년 이상을 연습생, 댄스 트레이너, 기획사 입장에 있었기에 이러한 변화 과정을 똑똑히 지켜볼 수 있었습니다.

10년 전 오디션 형태

- 기획사 비공개 오디션 또는 공개 오디션
- 가요제
- 댄스대회
- 길거리 캐스팅
- 전문 커뮤니티 사이트
- 이벤트 행사 무대
- 관계자 소개 등

현재(2020년 기준)

- 길거리 캐스팅
- 오디션 TV 프로그램 출현
- 유튜브 채널
- 기획사 연합 오디션
- 보컬, 댄스 아카데미 오디션
- 개인 SNS 연락

  현재는 10년 전 오디션 방법에 위와 같이 다양한 채널이 추가됐습니다. 시대의 흐름에 맞춰 오디션의 형태도 점점 변해가고 있는 것입니다. 요즘은 마음만 먹으면 한 달에 최소 3개 이상 오디션을 보는 것도 어렵지 않습니다.

오디션의 홍수 속에 기계처럼 움직이다

  나는 수많은 채널을 통해서 오디션 심사를 하다 보면 흘러넘치는 오디션 홍수 속에 한가지 문제점이 있다는 것을 깨달았습니다.
  바로 다수의 지망생이 준비가 덜 된 상태에서 기계처럼 오디션만 보러 다닌다는 것입니다. 실제로 각기 다른 오디션 현장에서 같은 지망생을 여러 번 마주치곤 합니다. 열심히 오디션을 보러 다니는 것은 좋습니다.

하지만 단시간에 실력이 향상되거나 이미지가 크게 바꾸지 않고 오디션만 계속 보러 다닌다는 것이 문제인 것입니다. 나 역시 같은 지망생을 여러 번 마주친다 해서 오디션에 합격시키지는 않습니다. 이건 마치 수능 8등급인 학생이 대학교 원서 100군데를 넣고 합격하기를 기다리는 것과 같습니다.

한번 눈에서 벗어난 지망생이 오디션에서 합격할 방법은 오직 하나! 이미지와 실력이 못 알아볼 정도로 이전보다 엄청난 변화가 생겼을 때입니다.

한 번은 아끼던 제자에게 이런 일이 있었습니다. 누구보다 성실하고 착하고 열심히 연습하는 제자가 있었습니다. 하지만 제자는 매번 오디션에서 떨어져 점점 자신감을 잃고 상심이 큰 나머지 좌절에 빠져있었습니다. 제자는 어느 날부터 자신의 문제를 분석하기 시작했습니다. 자신이 체형에 비해 몸무게가 많이 나간다고 생각했고 다이어트를 위해 독하게 식단 관리와 운동을 병행하며 피나는 노력을 했습니다. 제자는 4개월 만에 15킬로 이상을 감량했고 과거에 언제 그랬냐는 듯 눈빛에는 자신감이 차올랐습니다. 가벼워진 몸무게와 날렵한 턱 선 그리고 실력이 더해져 제자는 기획사 오디션에 합격했습니다.

당신은 혹시 '오디션을 많이 보면 어딘가에서 날 뽑아 주겠지'

라고 생각한다면 빨리 생각을 바꾸는 게 좋습니다. 준비가 미흡한 상태에서 오디션을 통해 자주 관계자와 마주치면 오히려 식상한 이미지를 줄 수 있고 계속되는 오디션 불합격 소식에 당신은 정신적으로 지치고 좌절할 수 있기 때문입니다.

나는 당신에게 지금 "오디션을 많이 보면 나쁜 거야!"라고 말하는 것이 아닙니다. 자신과 상대방이 객관적인 시선으로 평가했을 때 오디션에 합격할 수 있는 당신만의 무기를 완성하라고 말하겠습니다.

미국의 유명한 목사인 로버트 슐러는(Robert Harold Schuller, 1926-2015) 이런 말을 했습니다. "성공에 확신하는 것이 성공에 첫걸음이다" 지금 당신은 가수가 되기 위해 자신만의 무기를 만들어 확신을 갖고 도전해야 합니다. 한국보다 엔터테인먼트 시장이 큰 미국도 이렇게 오디션을 볼 수 있는 기회가 많지는 않습니다. 오디션 천국이라 불리는 대한민국은 이제 대중의 눈이 전문가 못지않게 높아졌습니다. 단순히 아티스트를 통해 대리만족을 느끼고 즐기는 시대는 끝났다는 것입니다. 대중이 함께 참여할 수 있고 나름의 기준으로 아티스트를 분석하고 객관적인 시각으로 평가하는 시대가 왔습니다. 이 때문에 오디션 전문 프로그램이 생기는 이유이기도 합니다.

언젠가 난 TV에서 이런 말을 들은 적이 있습니다.

"자고 일어나 보니 스타가 되었어요."

요즘 같은 시절에 신인을 발굴하는 나로서 가장 황당한 말입니다. 엔터테인먼트는 큰 투자 대비 실패를 최소화하기 위해 철저한 시장분석과 완벽한 준비로 아티스트를 데뷔시킵니다. 어쩌다 보니 연예인이 되는 이른바 '얼어걸리는 시대'는 끝났습니다. 당신은 꾸준한 연습과 실력이 바탕이 되어야 합니다. 그리고 올바른 인성과 노력으로 대중의 눈을 사로잡을 호감형의 외모를 가꾼다면 당신은 분명 오디션에 합격할 것입니다.

책을 마치며

오디션 합격은
매일 반복되는 오늘 하루
당신의 마음가짐에서 시작된다

　당신은 이 책을 읽고 무엇을 느꼈습니까? 처음부터 나는 당신의
감성을 자극해 감상적인 책을 쓰고 싶지 않았습니다. 내가 수개월
동안 글을 쓰고 지우기를 반복하고 수십 번의 수정을 거쳐 책에
담고 싶었던 내용은 "당신도 가수가 될 수 있다"라는 어설픈 희망
고문으로부터 당신을 구출해 내기 위함 이었습니다. 엔터테인먼

트는 당신의 꿈을 이루기 위해 존재하지 않습니다. 대중예술을 통해 수익창출(돈)을 하기 위한 하나의 거대한 산업입니다.

　당신은 이제 꿈이라는 환상 속에서 조금 벗어나 아주 냉철하고 현실적인 시각으로 자기 자신을 바라볼 필요가 있습니다. 기획사 오디션이 당신에게 원하는 것은 무엇인지… 또한 다른 경쟁자들과 어떤 차별화를 두고 오디션을 준비하는지… 당신의 실력과 개성이 과연 대중에게 얼마나 어필할지…등등
　이 외 당신이 생각지 못한 수많은 변수에 당황하지 않고 위기를 극복하기 위해서는 스스로를 다양한 각도로 분석해 문제점을 개선해 나아가야 합니다.
　나는 당신에게 꼭 이 말을 하고 싶습니다.

　"미래는 따로 정해져 있는 것이 아니다. 매일 반복되는 오늘 하루의 사소한 일상이 쌓여 자신의 미래가 펼쳐진다."

　우리는 하루 24시간이라는 시간의 굴레 속에 살고 있습니다. 당신의 간절한 꿈을 이루고 싶다면 그만큼 꿈과 비례하는 시간을 투자해야 합니다. 당신의 소중한 24시간을 주변 사람(친구)들에게 나눠주지 말고 온전히 자신의 꿈을 이루는데 집중해야 합니다. 이

것은 굉장히 외롭고 힘든 싸움입니다. 그 누구도 당신의 마음을 헤아려주지 못할 것입니다.

나 역시 마찬가지로 매일 반복되는 외로운 싸움 속에서 마음속으로 나 자신을 채찍질하고 반성하고 때로는 스스로를 달래고 위로해가며 '춤'이라는 예술의 길을 걸어왔습니다. 앞으로 당신은 더욱더 자신을 강하게 만들어야 합니다. 그래야 어른들의 비즈니스 속에서 살아남을 수 있기 때문입니다.

당신의 꿈이 소중한 만큼 기획사의 비즈니스도 소중합니다. 오디션을 통해 연습생을 발굴하고 혹독한 트레이닝 시키며 가수(수익모델)로 데뷔시키기까지 기획사는 당신이 생각하는 것 이상으로 엄청난 자본과 인력이 투입됩니다. 또한 한 치 앞을 내다볼 수 없는 치열한 비즈니스 경쟁 속에서 살아남기 위해 '계약'이라는 법적인 약속을 하고 인간적인 신뢰를 바탕으로 연습생을 예쁘게 포장하고 적극적인 관리를 통해 가수(아이돌)라는 비즈니스 모델을 만들어 냅니다. 내가 생각하는 가장 이상적인 엔터테인먼트 비즈니스는 이렇습니다.

"당신은 가수의 꿈을 이루고 기획사는 수익을 창출하며 대중은 다양한 즐거움을 서비스 받는다."

이것이 모두 윈윈(win-win) 할 수 있는 가장 이상적인 엔터테인먼트인 것입니다.

이렇게 '오디션'이라는 타이틀 뒤에는 지금껏 당신이 잘 몰랐던 엄청나게 많은 과정과 비밀들이 숨겨져 있습니다. 당신의 노력과 기획사의 역량 그리고 운, 이 모든것이 맞았을 때 비로소 스타가 될 수 있습니다. 당신이 살고 있는 이 세상(현실)은 그리 아름답지 않습니다. 오직! 당신의 실력과 노력만이 아름다울 뿐입니다. 나 또한 아직 성장의 과정일 뿐 당신과 크게 다르지 않습니다.

아쉽지만 책에 담지 못한 좋은 생각과 행동은 앞으로 다양한 활동을 통해서 당신과 함께 할 것입니다. 이제 책을 덮고 꿈을 향해 당신의 모든 것을 실행에 옮기세요.

기박민